自分のナンバーでもっと輝く！

風の時代に幸せをつかむ！
"フォーチュン サイクル占い"

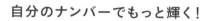

Fortunecycle

イヴルルド遙華

JN248058

SHUFUNOTOMOSHA

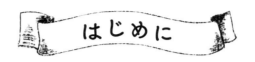
はじめに

こんにちは！　イヴルルド遙華です。

初めましての方も、いつも応援してくださる方も、この本を手にしていただきありがとうございます。

『願いが叶う！　フォーチュンサイクル占い』を出版してから数年が経ち、世の中がこんなに変わるのかと思うぐらい変化しました。

星の動きも大きな配置換えがあり、世の中のムードが一変。そのこともあって、風の時代×マインドナンバー、フォーチュンサイクルもアップデートし、さらに夢を叶えたい、幸せになりたい！という方々のお役に立てればと思いました。

私は、いつも原稿を書きながら、読者の方を思い、「幸せよ届け！」「いいことありますように！」「素晴らしい運命がやってきますように！」とパワーを込めています。

私自身、このフォーチュンサイクル占いによって人生がハッピーなほうへ激変したひとりです。だから、私は、叶

わないことは、ないと思っています。

本当に夢が叶わなくなるのは、その人自身が諦めたとき。

でも、叶えるためには、行動することがマスト条件です。

だって、素敵なおうちに引っ越したいと思っていても、思っているだけで、何もせずにぽーんと素敵なおうちに引っ越しすることは、できないですよね。

素敵なおうちを探す、狙いを定めることが必要となってきますし、その家に住むための条件、家賃が払える、仕事や環境などが整っているなどの擦り合わせも大事だし、そこへ引っ越すタイミングも計らなくてはいけません。

そういうことをして、夢を描いているだけでなく現実化していかなきゃならないのです。

ただただ、こうなったらいいなぁと思うだけでは、叶いません。

叶えるために、計画することで実現するのです。

さぁ、夢を叶えるプランナーとなって実現していきましょう!

イヴルルド遙華

Contents

CHAPTER 2

フォーチュンサイクルで
風の時代を占う

序 章

Introduction

フォーチュンサイクルと
風の時代とは

フォーチュン
サイクル占いとは

　フォーチュンサイクル占いとは、私のオリジナルの占いです。生年月日から算出したマインドナンバーが、個性・キャラクター・役割を導き、そのマインドナンバーからフォーチュンサイクルを作り、時期やタイミングを占うことができます。

　人は、生まれたときにすでに宿命・運命が決まるのです。でも、どんな両親のもとに育ったか、どんな教育を受けたかなど、生まれたあとの環境も、運勢に大きく左右していくのです。

　鑑定していると、「私、自分にマインドナンバーの特長みたいなところがありません」という方もいらっしゃいます。でも、深く話していくと、子どものころに両親から好きなことを抑制されたり、自身のマインドナンバーらしく育つ環境に置かれていなかったのです。

　だから、「今からでも遅くありません。あなたのマインドナンバーらしく生きてみましょう」と話し、本来のマイ

ンドナンバーらしく過ごすようにお伝えしました。

　すると、みるみる変わっていきました。本来持っている
キャラクター、運命に沿って生きることで、自分らしく過
ごすことができ、運命がどんどんスピードアップしてハッ
ピーになれたのです。

　ほかにも、鑑定で「あなたには、こんな暮らしが向いて
います」「こういうタイプですよ」という話をすると、「そ
うなんです！まさに私の憧れの暮らしです！」と感動され
ます。でも、それらは、もともと本人が持っているものだ
から、しっくりくるのです。

　私もそうでした。自分らしさを知り、認めて突き進むこ
とで、人生が大きく変わりました。

　でも、何かに挑んだり、変わることって、なかなかでき
なかったりします。

　だからこそ、みんなが風の時代へ一歩踏み出すきっかけ
となるためにも、この占いが古くならないように、鑑定を
続けることで、統計をとり、進化させています。

　ようやく、個人が活躍できる「風の時代」がやってきた
のです。

　のびのび自分らしく生きることができる時代、後悔しな
い生き方を選びましょう。

マインドナンバーで
わかること

　誰もが生まれた瞬間に決定する生年月日。昔から、生年月日には、運命や宿命が宿るといわれ、大切にされてきました。

　海外でも、占いで人生を決める習慣があります。私の外国人の知り合いは、占いで市場で素敵な出会いがあると言われ、１年間毎日市場に通い続け、占いどおり運命の人と出会い結婚しました。

　私は、占いですべてを決めるまでの必要はないと思うのですが、自分を変える、行動するきっかけとしては、とてもいいと思うのです。

　大人になればなるほど、友人関係もだいたい同じメンバーになり、休日の過ごし方も行く場所も決まってしまう。でも、占いで新しいことをしてみよう、新しい人と遊んでみようとなれば、きっかけをもらえます。

自分の人生に向き合い、転職したい、結婚したい、家が欲しい、引っ越したいなど、どうしたいかを考えることが、未来をつくることだと思うのです。

「私はこうだから」と自分の限界を勝手に決めつけてしまったり、失敗することが怖くてチャレンジするのをやめてしまうこともあるかもしれません。

　でも、マインドナンバーで自分の運命や、本来のキャラクターを知ることで、「私、意外とこんなスペックを備えているんだ」「じゃあ、やってみよう」と、自分を受け入れてみると、楽しいです。

　マインドナンバーらしく生きている人は、より自信を持って、「私はこのままでいいんだ」と自分を認めてあげることで、無駄な悩みがなくなります。

　ただ、気をつけてほしいのは、読むだけで満足したり、占いの知識だけたくさんため込んでしまうこと。行動に移せないと、人生も停止ボタンが押されたままですから。

　この占いを、いいきっかけにしてほしいです。

マインドナンバーの出し方

フォーチュンサイクルを調べるには、
まずあなたのマインドナンバーを導き出しましょう。

はじめに、生年月日を西暦にします。

例　オードリー・ヘプバーン
　　1929年5月4日

生年月日を1桁にしてすべての数を足します。

例　1＋9＋2＋9＋5＋4＝30

さらに数字が1桁になるまで足します。

3＋0＝3

※さらに11、22、33、44など2桁になった方は
　もう一度1桁になるまで計算を続けてください。

ここで、1桁になった数字がマインドナンバーとなります。

オードリー・ヘプバーンは、
マインドナンバー3

生年月日から導き出したマインドナンバーを使い、サイクルの中
に当てはめることでフォーチュンサイクルの年表ができます。

9つのマインドナンバー

マインドナンバー
1
Challenger
チャンレジャー

マインドナンバー
2
Magician
マジシャン

マインドナンバー
3
Teacher
ティーチャー

マインドナンバー
4
Queen
クイーン

マインドナンバー
5
King
キング

マインドナンバー
6
Messenger
メッセンジャー

マインドナンバー
7
Lover
ラバー

マインドナンバー
8
Fighter
ファイター

マインドナンバー
9
Balancer
バランサー

風の時代とは

　占星術では、2020年の12月末、天体が大きく移動しました。幸運の星・木星と、試練の星・土星が約20年ごとに重なることをグレートコンジャンクションと言い、今回は水瓶座で起こりました。

　これは、約200年ぶりに時代のムードが変わるサインなのです。

　その星座のエレメントは、約200年ごとに、火、地、風、水の順番で回っていきますが、江戸時代から2020年12月までは、地の時代でした。

　地の時代は、物質的な豊かさがキーワード。ちょうど、商業が発展し、そばや寿司、てんぷらなどの食事や、温泉旅行、お伊勢参りなどを庶民も楽しんでいたそうです。なんと、温泉ランキングなるものもあったとか。

　さらに、土が地層を重ねていくように、地道にコツコツと発展し築きあげていくことが美徳の時代。また、土のよ

うに、周囲とのコミュニケーションもべったり、ドロドロなところもあります。ドロドロな土に足を踏み入れると、汚れてしまい、嫌な気持ちになるように、人間関係が窮屈だったり。また、みんなが同じでないと非難される時代だったのです。

でも、それが風の時代になりました。目に見える土と違って、風は、「目に見えないもの」「感覚的なもの」「ムード」「精神的なこと」がキーワードになります。

さらに、IT、デジタル化が進み、小さいころに見ていたSF映画のような世界にこれからなっていくでしょう。今までの地の時代とは、全く違う時代になるのです。

だからこそ、風の時代を意識することが今、重要です。今まで土まみれに生きていた、周囲の顔色ばかり伺っていたり、我慢するのが当たり前というタイプの人は、時代にポツンととり残されてしまいます。心地いいきれいな風に乗ることができないのです。

そして、新しい時代に生まれてきたニュータイプ風の子は、何にもとらわれずに、ピュンピュン自由に動いて好き放題できそう。地の時代を生きてきた世代と、生活の質の格差が大きく開いてしまうことになりかねません。

これからは、多種多様、細分化の時代です。だからこそ、より自分を知って、自分の幸せは何かを理解し、最高の環境に身を置くことが大事なのです。

　そのためには、迷っている暇はありません。貪欲に自分の求めるまま、人の顔色なんて気にせず生きることです。
　この占いで生まれながらの自身の強みを知り、いい風に乗る手助けにし、幸せをつかんでください。

CHAPTER

1

Mind Number

マインドナンバーで
風の時代を
自分らしく生きる

さぁ、魂を呼び覚まして！
自分の進むべき道をロックオン！

　マインドナンバー 1 は、0 から 1 をつくることができる人。常に進化し続けるタイプです。決められたことしかできない環境や、自分の意見や考えが反映されない関係、わくわくしないことは苦手です。やりたいことができないと、テンションが下がってしまいます。さらに、自分の中で達成感を得られたり、満足してしまっても、モチベーションが一気に下がります。

　しかも、数字の 1 が単独を表すように、1 人の時間が大事だったり、本当に心を開くことができる人がなかなかいなかったり、ふらっと未知の世界に行きたくなったりします。人に相談をするときはすでに答えが出ていて、後押しが欲しかったり確認のために聞いているのではありませんか?

　そう、あなたは、1 人で考え、1 人で決断し、1 人で開拓することができる人。何かの「きっかけ」さえあれば、ガラッと今までの人生とは違う生き方をすることもできます。そんなハングリー精神あふれるチャレンジャーのあなたにとって、風の時代は人生をさらにスピードアップしてくれる追い風となってくれるでしょう。

仕事とお金

⚜ 才能・仕事

　あなたにとって大事なのは、「熱量」。情熱を持つことができるかどうかが重要です。「コレだ！」と思ったことが仕事にできているかどうかで、満足度が変わるでしょう。また、マインドナンバー１は決められた枠からはみ出してナンボの人間。そのため、人間関係や仕事の窮屈さでストレスを感じることが多いでしょう。

　今までの「地」の時代は、親が喜ぶからという理由で、安定した仕事を選んだり、地元に残ったり、困らないためにとりあえず資格を取っておくというムードでした。この感覚がマインドナンバー１を抑えつけてしまっていたのです。

　けれども「風」の時代、個として生きる生き方は、まさに本来のあなたそのもの。今、仕事で不満や違和感がある人は、チャンスですよ！　あなたが次のステージに進むサインです。今は人脈やコネクション、お金がなくても大丈夫。あなたが本気になれば道は開かれます！

⚜ 金運

何事においても、先に「お金」のことを考えてしまうと、あなたは何もできなくなってしまいます。マインドナンバー1の魅力は「行動力」。まずやってみるということが大切です。やりがいよりも、お金を基準にジャッジしてしまうと、あなたらしい人生から離れてしまいます。好きから仕事になり、気がついたら成功していたというパターンが、あなたの理想です。

金運ダウンのサイン

✻ 噂話をしてしまう、気にしてしまう
人のことはどうでもいいのです。自分に集中を！

✻ 曖昧な返事をしてしまう
日ごろからYES、NOをはっきりさせる習慣を。

✻ ギャンブルにハマって現実逃避
のめり込むタイプなので度を超えてしまう危険が。

金運UPのサイン

✻ 好きなことを見つける
ハマるとのめり込むので気がつくとその世界の有名人に。

✻ 無駄なお金を使わない
ケチではありませんが貧乏性なところがあります。でも、それが◎。

✻ 個性を大事にする
トレンドよりも自分のセンスに従うとラッキー。

愛・人間関係

⚜ 愛を探している人

　周りからとやかく言われても、あなたがときめかない限り、恋愛スイッチはオフモードのまま。一人で生きられるスペックが生まれつき備わっているので、恋愛に興味がわかない限り、おひとりさまを満喫しそうです。真剣に恋人を探したいならば、いつかいい人が現れるはずとのんきに構えず、「この人！」と思う人が現れるまで探し続けましょう。諦めてはダメです。

⚜ パートナーがいる人

　おつき合いしても結婚しても、あなたはあなたで、変わらず好きなことができる環境が理想です。相手のために何かを諦めたり、人生をセーブするのは×。我慢が多い関係ほど別れる確率がアップします。

　ただ、好きになってしまうと、相手に好かれたくて無理をしたり合わせてしまうところがあるので、恋は盲目とならないように。あなたらしく、ありのままでいられる関係をめざしましょう。

⚜ 家族・人間関係

　弱音を吐くことができなかったり、本音もなかなか言えず、一人で悩みを抱え込んでしまうところがあります。そのため、あなたの心に土足でズカズカ入り込んでくるような、なれなれしい人は苦手です。たとえ家族であっても距離感が大事。頭を整理したり、心を落ち着かせるために、趣味に没頭する時間やぼーっとすることが必要です。

愛情運ダウンのサイン

✿ **ネガティブなことばかり言ってくる人が近くにいる**
　嫌な気持ちになるぐらいネガティブ発言をしてくる人に足を引っぱられないように。

✿ **一人で何でも抱え込んで自分でなんとかしようとする**
　強がってばかりいるとどんどん孤立してしまいます。

✿ **愛なんて、と枯れ果てた発言が現実に**
　つらい思い出で過去にとらわれずに、未来に希望を!

愛情運 UP のサイン

✿ **相手の顔色ばかり伺わない**
　自分のペースも大事!　一人の時間も充実させよう。

✿ **弱いところ、ダメなところを見せて相手のリアクションをチェック**
　あなたが相手に甘えられるかが大事。

✿ **愛情表現は、ストレートにオーバーに!**
　とっても愛情深いからこそ、ひっそり片思いはダメ。気持ちは隠さずに、情熱的に。

健康

　いつも明るく楽しそうな人と見られがちですが、実は神経質な面や、譲れないマイルールがあります。他人にとってはどうでもいいことが、あなたには気になってしまうことも。喜怒哀楽が激しく、思いどおりにいかないときのイライラは破壊力大。イライラする前に、その場を離れる、気分転換するなど、自分なりに対策を。いつも気が張っているタイプなので、頭痛・肩こり・腰痛に注意。定期的にマッサージや整体に通ったり、ストレッチやヨガなど体を緩めることをしましょう。

運気ダウンのサイン

✤ 人の動きがすごく気になってしまう
自分のことよりも人のことが気になってしまうのは、自分のことに集中できていないから。

✤ 沸点が低い
すぐにイライラスイッチが入るのは、息抜きができていないから。

✤ ダラダラ話してしまう
テキパキしているのに無駄に話が長くなってしまうのは寂しさと頭の整理ができていないから。

運気UPのサイン

✤ 思ったことをすぐに行動に移す
あなたにとって、行動力＝エネルギー。たとえハードルが高いことでも恐れず猪突猛進。

✿ 睡眠時間が短くても元気ハツラツ!
　どんどんアイデアが浮かんで常にやるべきことも明確になっている状態。

✿ 人を惹きつけるおしゃべりができる。
　コミュニケーション力でチャンスを自ら生み出すことができるので何げない会話から仕事に。

住まい、おしゃれ

　1という数字に縁があるので、1人の人との出会いや1つの選択、1秒、1分、1時間、1日、1週間、1カ月で人生が変わることが。誰かとの出会いでライフスタイルが変わったり、誰かとの別れによって人生がガラッと変わったり。なので、死ぬまで何が起こるか、どんな運命が待っているか、どこに住むかわかりません。たまたま訪れた場所で出会いがあり、それがきっかけで引っ越しする可能性もあるナンバーです。まるで旅人のように、軽やかに人生を歩んでいきましょう。

<u>フォーチュンケア</u> ▶ 嫌なことから離れてみる、シャットダウンする

<u>フォーチュンフード</u> ▶ ゴーヤ、スイカ、にんじん、トマト

<u>フォーチュンパーソン</u> ▶ 10歳以上年の離れた年上の人

<u>フォーチュンインテリア</u> ▶ 写真立て、絵画、ポスター

<u>フォーチュンパフューム</u> ▶ グレープフルーツやオレンジ、ベルガモット
　　　　　　　　　　　　　　 などの柑橘系の香り

マインドナンバー 1のフォーチュンアクション

✻自分の力を試してみる

ひとつのきっかけが運命の鍵となり住む場所、仕事、出会う人がガラッと変わります！　学んだこと、好きなこと、やってみたいこと、どんどん試してみましょう。

✻独走・爆走・奔走

後先考えずに突っ走ってこそマインドナンバー1。考えすぎたり計画を練りすぎてしまうと「タイミング」を逃してしまいます。本能で突き進んで！

✻無邪気な気持ちを大事にしよう

まるで子どものような純粋な気持ちがマインドナンバー1のエネルギー源にもなります。わくわくする気持ちが大きな夢を抱かせてくれます。

マインドナンバー1の有名人

aiko、明石家さんま、草彅剛、黒澤明、志村けん、田中角栄、浜崎あゆみ、福澤諭吉、前澤友作、マツコ・デラックス、満島ひかり、DAIGO、矢沢永吉、やなせたかし、梨花、ウォルト・ディズニー、ジョージ・ルーカス、スティーブ・ジョブズ、タイガー・ウッズ、レディー・ガガ

評価や人の目を気にしたりせずに、
心の赴くままに我が道を進もう

マインドナンバー１のスティーブ・ジョブズは、米スタンフォード大学の卒業式で「ハングリーであれ。愚か者であれ」とスピーチしました。

マインドナンバー１の人は、常に貪欲に、自分の興味があることに突き進み、飽きたらやめ、また興味があることを求め続ける、ということが大事なのです。

物事が続かないと、一見、無駄なことをしているように思うかもしれませんが、いつしか必要なときに学んだ経験や知識が生かされ、点と点がつながっていきます。そうして今までやってきたいろいろなことをミックスすることで、あなたにしかできないオリジナルが完成するのです。

だから、無駄なことなんて何もありません。

しかも、風の時代は、もっともっと世界が身近になります。あなたが探していたことも見つけやすくなり、あなたのチャンスも、世界レベルに広がるでしょう。

<ruby>1<rt>マインドナンバー</rt></ruby> のあなたが
より輝くためのワーク

風の時代は、個人がどれだけ輝くことができるかが鍵。そのためには、セルフプロデュースはかかせません。おとなしくしていたら空気のような存在になってしまいます。このワークで自分自身の長所、あなたの強みを知りましょう！

☑ ずっと後悔していることは、何ですか？

マインドナンバー1は、起業したりフリーランスで動く人が多く、自主的に行動することで未来がどんどん変わります。自分の心を奮い立たせることが、あなたの起爆剤に！

☑ 人生に野望はありますか?

好奇心旺盛で、いろいろなことに興味がありますが、ふらふら
しやすい一面も。人生の迷子にならないためにも、常に夢や目
標、野望を明確にすることが必要。

☑ 一人の時間を充実させていますか?

マインドナンバー1は数字の1をつかさどるので、1人の時
間、1人で行動すること、あなた自身が、運命の扉を開く鍵
となります。

難しいことは考えなくてOK！
生きているだけでミラクルハッピー！

　マインドナンバー2のあなたはツイています！　あなたの誕生日は、滅多に手に入らない limited edition のよう。もしも全くツイてないと思うならば、自分を生かせていないのです。

　このナンバーの人は、なかなか会えない有名人に会えたり、すごい人と仲良くなることができたりと、ズバ抜けていい出会い運があります。成功者やお金持ちともご縁があり、そういう人たちに可愛がってもらえる運もあります。

　だから、どんな人たちの前でも、萎縮することなく堂々とふるまって。「おもしろい人がいるね」「あの子は、誰!?何者だろう？」と興味を持ってもらえるぐらいの存在感が必要です。

　人よっては、幼少期に目立たないようおとなしくするように育てられ、まだ自分の本来持っている魅力を出せていないままの場合があるかもしれません。急に変えることはできないかもしれませんが、ちょっとずつ、「私は特別！」と自分自身に言い聞かせてみて。自分を信じて解放しましょう。

仕事とお金

♣ 才能・仕事

　抜群のセンスを持っています。そのセンスは、運動や音楽、ダンスなどのパフォーマンスに発揮されたり、絵や色彩感覚のアート面で活躍したり、カメラマンやデザイナーなどクリエーティブな仕事に就く人も多いのが特徴です。もし、自分の才能やセンスを発揮できていなくても、今からでも遅くありません。マインドナンバー2は死ぬまでアーティストタイプですから。得意なことや褒められること、好きなことをSNSやYouTubeで披露したり、まずはあなたの魅力を周囲に知ってもらうことが大事。「こんなことやっても」「お金になるかわからないし」「うまくいくわけない」なんて最初から思っていてはダメですよ。マインドナンバー2は、引き寄せ力も抜群。だから、ネガティブなことを思ってしまうとネガティブなことをどんどん引き寄せてしまいます。いつも「大丈夫！大丈夫！」「絶好調！絶好調！」と唱えましょう。

♣ 金運

　お洋服やインテリア、美容など、何かとお金がかかって

しまうタイプです。さらに、センス抜群だからこそ「素敵！」と思うものは、高額だったりしそう。住む環境もあなたにとって大事なので、素敵なおうちにこだわると家賃も高くなり、なかなか貯金できないでしょう。でも、それでいいんです。マインドナンバー2は、好きなものに囲まれることで運気がアップしますから。

金運ダウンのサイン

✱ 金額で欲しいものを諦めてしまう
お金にとらわれてしまうと小さな世界に閉じ込められてしまいます。

✱ 自己否定をしてしまう
私なんてと思ってしまうと、どんどん自信がなくなり、自分を生かせなくなってしまいます。

✱ 何も楽しいことがない、やりたいことがない
直感が大事なあなた。その感覚が鈍ってしまうと引き寄せ力もダウンしてしまいます。

金運UPのサイン

✱ 趣味で始めたことが仕事につながっていく
才能・センスをお金にすることができる人。だからこそ、どんどん腕前を披露しよう。

✱ 会いたい人にすぐに会えた！
めったに会えないような人にでも会える可能性あり。スーパーご縁の持ち主。

✱ 楽しい予定が盛りだくさん！
楽しいことが大好きなノリのいいマインドナンバー2。どんどん楽しいお誘いがやってくるのは、ノっているサイン。

⚜ 愛を探している人

　好きな仕事に就いたり、日々が充実すればするほど、恋愛が遠のいてしまう可能性があります。マインドナンバー2の人は、価値観や趣味、センスが同じだったり、結婚しても自由にさせてくれるような人じゃないと息が詰まってしまいます。恋の駆け引きは苦手なので、いいと思ったらストレートな愛情表現を心がけましょう。

⚜ パートナーがいる人

　パートナーに理解してもらえないことが多いかもしれません。常に会話を大事にして。嫌なこともいいこともちゃんと口にして伝える、相手にわかってもらえるまで話すことが重要。相手のことがわからないときも同様です。どんなに忙しくても二人で過ごす時間をつくるようにしてください。「わかってくれるはず」「普通は、わかるよね」は禁句。

⚜ 家族・人間関係

　いくつになっても感覚が若いため、子どもとは友達のような関係に、パートナーとはいつまでも恋人のように接す

ることができるでしょう。だからこそ、パートナーも同じような感覚でいられる人でないと寂しくなってしまうかも。人間関係は、来るもの拒まず、去るもの追わず。さほど人に興味がありません。自分を中心に過ごしていくといいでしょう。

愛情運ダウンのサイン

✻自分らしさを失う
相手の好みばかりを意識してしまい、自分のセンスを封印してしまうのはNG。

✻スマホがボロボロ、液晶画面がバリバリ
楽しい連絡や新しい情報を入手するためにも、スマホはいつもきれいに。

✻髪の毛が傷んでいる、しばらく美容室に行っていない
オシャレさんのマインドナンバー2は、ヘアスタイルもファッションの一部です。

愛情運UPのサイン

✻何げにおそろいアイテムが増える
Tシャツやパーカー、スニーカー、バッグや時計など、好きな人とおそろいのものが増えるのは愛が高まっているしるし。

✻約束もしていないのにばったり遭遇
思いがけないところでも会える運を持つあなた。好きな人と偶然が続くのは運命だから。

✻周囲から可愛いねと褒められることが増える！
ファッションやメイクを楽しむことができているのは、あなたらしくいられている証拠。

健康

基本的には健康です。ただ、悩みを抱え込んでしまうと何もできなくなってしまうぐらい落ち込んだり、ストレスから衝動的になってしまったり、精神面のバランスをくずしてパニックを起こしてしまうことも。マインドナンバー2にとってメンタルの状態が運勢を大きく左右します。腸は「第二の脳」ともいわれ、感情やストレスに大きくかかわります。日ごろから食べ物や生活習慣など、腸活を意識して。「何も悩みがない」「幸せ」と思えたら無敵です。

運気ダウンのサイン

✻便秘や下痢はSOSのサイン

敏感なタイプなのでおなかの調子が悪いと危険信号。

✻出不精になる

楽しいこと、遊ぶことが大好きな人が引きこもってしまっているのは、お疲れのサイン。

✻悪いことばかり無限に考えてしまう

不安スイッチが入ってしまうとパニックを起こしやすいので心を落ち着かせて。

運気UPのサイン

✻目覚めがいい

睡眠時間が少なくてもパッと気持ちよく目覚め、その後、ルンルン気分でいられたら◎。

❋ **ちょっとの階数ならエレベーターよりも階段**
軽やかに動けているのは、心身ともにバランスがとれているから。

❋ **動物やペットが近づいてくる、甘えてくる**
本来は警戒心が強い動物が近づいてくるのは、あなたが幸せでハッピーな状態だから。

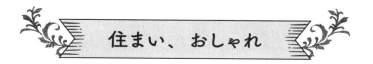

住まい、おしゃれ

　眺めがよかったり、まるでインテリアショップのような素敵なおうちに住んでいる人が多いです。今のあなたは、どうですか？　好きなおうち、納得する環境で生活できていますか？　好きなものに囲まれれば囲まれるほど、自分らしく過ごすことができます。定期的に「もういらないなぁ」と思ったものは処分して、トキメクものだけを所有するようにしましょう。納得するものが見つからなければ、自分で作ってみるのもいいでしょう。

フォーチュンケア ▶ ノリノリに踊る歌う

フォーチュンフード ▶ 大根、かぶ、キャベツ、インゲン豆

フォーチュンパーソン ▶ 高収入、大物有名人

フォーチュンインテリア ▶ ビビビッときた置物、インテリアグッズ

フォーチュンパフューム ▶ バニラやキャラメルなどスイーツのような甘い香り

マインドナンバー
2のフォーチュンアクション

✤自分を抑え込んでしまう思い込みを手放す！

せっかく最強の引き寄せ力を持っているのに、その引き寄せが間違ってしまうとネガティブなことをどんどん引き寄せてしまいます。とにかく自分に不利な思い込みはストップ！

✤さらに、自分のペースを大事にして

自分の感情が大切なマインドナンバー2。仕事も恋愛も、自分の居心地のいいペースでかかわっていくことが鍵。焦らずに、自分の思うタイミングを信じて！

✤こまめに人生の軌道修正＆見直しを

風の時代は、急な突風、横風も吹きやすい特徴が。思ってもいない違う風が吹いたら、逃げてOK！ 気持ちが変わってもOK！「違う！」「これじゃない」という気持ちも大事にして。

❖━━━ マインドナンバー2の有名人 ━━━❖

荒木飛呂彦、安野モヨコ、奥田民生、香取慎吾、篠山紀信、所ジョージ、鳥山明、中園ミホ、中田英寿、はじめしゃちょー、広瀬香美、藤子・F・不二雄、松本孝弘、美輪明宏、カレン・カーペンター、クロード・モネ、ケイト・モス、ココ・シャネル、シャガール、マドンナ、マライア・キャリー

人にも運にも愛されるあなた
孤独や不安を抱え殻に閉じこもらないで

　風の時代が大きな大きなブレイクスルーのきっかけとなってくれるでしょう。

「こうじゃなきゃ」という思い込みが強い人ほど、風がフーッとその思い込みを吹き飛ばしてくれます。

　あなたの中にある思い込み、トラウマ、コンプレックスを手放しましょう。

　マインドナンバー2は、打ち上げ花火のように、導火線に火さえついてしまえば、きれいな花火を打ち上げることができます。きっかけさえあれば、一気にドカーーーンといきますから。

　あれこれ考えすぎずに、好きなように自由にのびのび過ごしましょう。

マインドナンバー
2 のあなたが
より輝くためのワーク

風の時代は、個人がどれだけ輝くことができるかが鍵。そのためには、セルフプロデュースはかかせません。おとなしくしていたら空気のような存在になってしまいます。このワークで自分自身の長所、あなたの強みを知りましょう！

☑ 何に没頭しているときが楽しいですか?

やりたいこと、好きなことに没頭することが、あなたの運命を動かすきっかけに。

☑ **自分のセンスを磨いたり、感覚や直感を信じて行動
することはありますか？**

マインドナンバー２の役割は、物事をおもしろおかしく展開す
ること。あなたにしかできないオリジナリティや誰かとコラボ
したり、組み合わせを楽しんでミックスすることで、新しい世
界が生み出されます。

_____

_____

_____

_____

☑ **引き寄せたい奇跡はなんですか？**

マインドナンバーの中で引き寄せ力 No.1 のマインドナンバー
2。でも、悪いことも引き寄せてしまうので、常に前向きにハッ
ピーなことを考えてポジティブ思考になることが大事。

_____

_____

_____

_____

マインドナンバー

3

Teacher

欠点がないことがあなたの欠点！
完璧をめざしすぎないで

　見た目とは裏腹に、マインドナンバー3の人はストイックで自分を追い込みすぎてしまうところがあります。ほかの人だったら気にならないところが気になったり、自分だけでなく周囲もきちんとしていないと気になってしまいます。ついフォローしてしまったり、相談に乗って面倒を見てしまったり、自分で自分の仕事を増やしてしまうところもあります。たとえ自分の仕事を増やしてしまったとしても、自分が納得しないとすっきりしないし、ずっと気になってしまうでしょう。

　しかも、多少の好き嫌いや苦手意識などがあったとしても、仕事となれば誰にでも平等に接することができます。また、仕事をしっかりこなすので会社では重宝されます。最後まで投げ出さずにがんばる姿は、上司や先輩にも信頼され、面倒見のよさから後輩たちにも慕われるでしょう。

　しかも、常に頭はフル回転。そのため、知らず知らずにストレスがたまりやすく、がんばりすぎて体調をくずしたり、入院してしまった経験もあるのでは？　自己管理を徹底しないと、仕事ばかり、人のことばかりの人生になりやすいので気をつけましょう。

仕事とお金

⚜ 才能・仕事

　能力が高く、冷静に条件面で仕事を選ぶ現実派です。資格や免許を生かした職業や探究心を追求する研究職、お世話したり、人に教えたり、まとめたりするポジションにつく人も多いです。頼りにされることでやりがいを感じたり、期待に応えたいと気持ちが高まるでしょう。だからこそ、手抜きができずに、いつも仕事に追われているということになりやすいので、プライベートを充実させるためにも、きちんと線引きが必要。

　ただし、どこかきまじめな部分があるため、暇であることに罪悪感を抱いてしまうかもしれません。仕事を抱え込みすぎてしまうと、人生を仕事に食いつぶされてしまいますので、ときには長期休暇をとって自分をとり戻すことも必要。こまめに休みをとることでメリハリがつき、仕事をさらにがんばることもできるでしょう。

⚜ 金運

　好奇心旺盛なため、興味があるものにはお金をドンと使ってしまうところがあります。でも、大丈夫。あなたがお金を使って学んだこと、経験したことは、のちに人生で

生かすことができますから。むしろ、興味があることにお金をケチってしまうのはダメ。自己投資として、好きなことにはお金をかけましょう。けれども、お金の問題を抱えている人にお金を貸したり、おごってあげたり、世話をしすぎないように気をつけて。お金の相談に乗ってしまうとかなりのストレスを抱えてしまうことに。

金運ダウンのサイン

✽ 欲しくもないのにつき合いで購入

お人よしのところがあるので、強引に勧められたときは要注意。欲しくないものは、無駄金になってしまいます。

✽ 学ぶことに対して躊躇する

知識や経験が人生を豊かにしてくれます。資格取得や勉強することを諦めたり、お金を使うことをケチらないで。

✽ いいように使われてしまう

せっかく勉強して習得した知識や得意なこと、それに伴う作業を、タダ同然でさせられること。

金運UPのサイン

✽ お返し・サプライズがやってくる！

あなたにお礼の品がやってきたり、記念日でもないのにサプライズ・ギフトがやってきたときは、運気が上がっているサイン。

✽ おまけしてもらえたり、欲しいものがセールに

年上の人から可愛がってもらえる運を持っています。ニコニコしているとごちそうしてもらえたり、うれしいサービスを受けたりしそう。

✽ 空や雲がきれい

薄いピンク色の空や鳳凰や龍、鳥のような雲のカタチを見るときは、宇宙が見守ってくれているサイン。

愛・人間関係

♣ 愛を探している人

　一人で楽しめる趣味や好きなことがあったり、交友関係は恋愛対象でない友達ばかりで、恋のきっかけがすごく少なくなってしまいやすいあなた。職場や仕事関係、行きつけのお店の店員さん、友達の友達など、出会いを意識的に広げていくことが大事。また、隙がないため、仲良くなったころには「単なる友達」に落ち着きやすいので、そうなる前に恋のきっかけを意識して。

♣ パートナーがいる人

　お互いに尊敬し合い、高め合う関係性を好みます。パートナーが全く協力的じゃない、相手が堕落していく、裏切られたと感じることがあると、あなたの心はさーっと引いていくでしょう。相手のためにやってあげることも好きなので、あなたがやってあげることが当たり前にならないように気をつけて。「いいよいいよ」と言いすぎると、相手は図に乗ります。

♣ 家族・人間関係

　「きちんとしないといけない」という思いが強すぎてし

まうと、あなただけが家事に洗濯、仕事に子育て、ペット
の世話に介護と、どんどん追われてしまいます。人に頼む、
プロにお願いする、家事を楽にする便利家電を使いこなし
ましょう。親との距離が近すぎると、あなたに依存してき
たり、何かと干渉してきてストレスを感じるでしょう。親
であってもほどよい距離感が大事。

愛情運ダウンのサイン

✿ 前髪なしのひっつめスタイル
おでこは、知性のパーツ。おでこ全開は、仕事人間・責任感が強
くなりすぎて、何もかも背負いやすくなります。

✿ いつも女友達か家族と過ごしている
いつものメンバーと集まりやすいので、年を重ねるほど新しい出会
いが減少してしまいます。

✿ 警戒心が強い
なかなか隙を見せないマインドナンバー3。近寄りがたいオーラが
強すぎて、誘われなくなってしまう傾向があります。

愛情運UPのサイン

✿ メモ帳や手紙、ハガキなど好みのもので気持ちを伝える
手書きで感謝の気持ちや思いを伝えることであなたの人間力が高ま
ります。

✿ 幸せそうな花嫁さんを見かける
たまたま結婚式やウエディングの撮影に居合わせたら、あなたにも
運命的な出来事が起こる兆し。

✿ ラーメンやうどん、そばなど、麺類のお土産をもらう
麺類は、人間関係が円満にいく開運フード。その麺類をもらったと
いうことは、近々、素敵な出会いがあるかも。

健康

　基本的には丈夫ですが、認めてもらえない、感謝されない、適当な扱いを受けるなどがあると、かなりのストレスを抱えてしまい、体調をくずしてしまいます。環境や仕事から受けるストレスには、敏感になるようにしましょう。特に、肌荒れや便秘、下痢などのおなかの調子が悪いのは、疲労と気の使いすぎのサイン。気楽につき合える友達とおいしい物を食べに行ったり、好きなアーティストのライブへ行ったり、自分や推し活にお金を使って、憂さ晴らしを。モヤモヤをため込まないように。

運気ダウンのサイン

✽ 酔っ払わないとストレス発散できない
お酒を飲まないと本音が言えない、甘えられないっていうのは、負のスパイラル。

✽ 寝つきが悪い
眠るまでに時間がかかったり、何度も起きてしまったり、ちょっとの音にも目が覚めてしまうのは、神経が高ぶってしまっているから。

✽ 胃が痛い、食欲がない
ストレスを抱え込むと食欲や胃に出やすいタイプ。おいしく食べられない、食べたくないときは、大好きなメンバーと他のストレス発散を。

運気UPのサイン

✽ 自撮り撮影で状態確認
疲れをため込みやすいからこそ、客観的に自分を見てお疲れ度数をチェック!

✚ **思わず鼻歌を口ずさんでしまう**
　まじめなあなたが歌を無意識に口ずさむなんて、ご機嫌な証拠。

✚ **お肉が無性に食べたくなる!**
　草食系のあなたがお肉を欲するのは、本能が高まっているから。

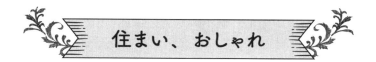

住まい、おしゃれ

　"定着"タイプなので、好きな場所に長く住むことや、地元・実家から離れられない場合があります。あるいは、一度地元・実家を離れたのに、何らかの理由で戻ってくる可能性も。特別に好きでもないのに、なんとなくそこから離れられないのは、そういう運勢を持っているから。そんなあなたでも、定期的に「引っ越したい」「全く違うところで生活してみたい」という気持ちになることがあります。そんなときは、運命の変わり目ですから本気になって住処を探しましょう。

<u>フォーチュンケア</u> ▶ ヨガ、ストレッチ、呼吸で巡りをよくする

<u>フォーチュンフード</u> ▶ アスパラガス、とうもろこし、かぼちゃ、たけのこ

<u>フォーチュンパーソン</u> ▶ センスがよく存在感がある人、美食家

<u>フォーチュンインテリア</u> ▶ ベッドカバー、クッション、カーテンなどのファブリック

<u>フォーチュンパフューム</u> ▶ パチェリ、ネロリ、グリーンティーなどのグリーン系の香り

マインドナンバー **3** のフォーチュンアクション

✢ デジタル・オンラインに強くなる

マインドナンバー3は、心配性なところがあるので、「だまされたらどうしよう」「よくわからないから怖い」など、保守的なところがあります。アナログのままでは、風の時代に乗り遅れてしまいます。進化についていきましょう！

✢ どんなことでも思ったことや気持ちを伝えよう

思いやりあふれる人なので、自分の気持ちよりも相手の気持ちやムードを大事にします。そのため、ときに感情を抑え込んだり、ため込んでしまうところも。風の時代は、言わないと伝わらないと認識して。どんなことも言うようにしましょう。

✢ きちんと断ったり条件をつけたり、交渉上手になろう

風の時代は自由な時代。周りの空気を読みやすいマインドナンバー3は、いい子ちゃんのままでいると、いいように使われることも。あなたが不自由になってしまわないように交渉を。

❧ーーーーー マインドナンバー3の有名人 ーーーーー❧

蒼井優、天海祐希、アントニオ猪木、IKKO、落合博満、小池百合子、司馬遼太郎、ダルビッシュ有、葉加瀬太郎、松井秀喜、松任谷由実、MISIA、宮崎駿、宮里藍、宮沢りえ、エド・シーラン、オードリー・ヘプバーン、キャサリン妃、キャメロン・ディアス、ケイティー・ペリー、ダニエル・ラドクリフ

人生の棚卸し！
風があなたを変えてくれる！

　風の時代は、"やらなくてもいいこと"をやめるグッドタイミング。

　マインドナンバー３は、世間体を気にしたり、常識を重んじるタイプなので、「やらなければいけない」という鎖に縛られてしまうところがあります。

　それはあなたにとって本当にすべきことでしょうか？

　自分がやりたいわけでもないのに、「仕事のために」「会社のために」という思い込みで、自分やプライベートを犠牲にしていないでしょうか。

　ついつい、いい人をやりすぎていないか、客観的に考えてみて。あなたにとって本当に必要なものを選ぶようにしましょう。

マインドナンバー
3 のあなたが
より輝くためのワーク

風の時代は、個人がどれだけ輝くことができるかが鍵。そのためには、セルフプロデュースはかかせません。おとなしくしていたら空気のような存在になってしまいます。このワークで自分自身の長所、あなたの強みを知りましょう！

☑ **免許、資格、専門知識、学んだり技術を習得したことはありますか?**

マインドナンバー3は、知的好奇心が人生を変えてくれるきっかけになります。学びたい、知りたい、という気持ちがあなた自身を強くしてくれるでしょう。

☑ 経験や知識を生かして何かしていますか?
何ができますか?

学んだ知識、経験を生かすことで存在感を発揮できます。学んだだけで満足してしまったり、資格や免許を活用しないのはもったいない。仕事につなげられる展開を考えましょう。

_____

_____

_____

_____

☑ 自分にしてあげたいご褒美は何ですか?

マインドナンバー3は、他人のために動くことができる人なので、常にストレスをため込んでしまうところがあります。自分自身でご褒美をあげて、ストレスを発散しましょう。

_____

_____

_____

_____

_____

マインドナンバー

4
Queen

高嶺の花、それはあなたのこと
みんなの憧れの存在へ

　マインドナンバー４に生まれたならば、思う存分に人生を謳歌しなければいけません。あなたは欲しいものをすべて手にすることができる強運の持ち主。なのに、自分から不幸な環境に行かないで。寝落ちする直前まで働いたり、メイクしたまま寝てしまうぐらい、ギリギリまで全力で働いてはいけません。自分の限界を超えないように、オンとオフをしっかり分けて、プライベートもとにかくエンジョイ！　わくわくするような素敵なことをたくさん想像して、実現に向けて計画を立てて行動しましょう。

　なんといっても、あなたは、ツイているのです！　たとえお金に困っても誰かが助けてくれたり、まじめにがんばっていたらおごってもらえたりするはず。良いもの、ラグジュアリーなもの、特別なもの、さらに成功者や有名人、経営者、博識者、芸術家、ハイクラスな人たちともご縁があります。だから、自信を持ってそういった人たちとも交流をしましょう。もしもあなたが「私そんなタイプじゃないし、ツイてない」という場合は、クイーンらしい生き方を選んでください。すると人生が大きく変わるはずです！いいのです、豊かな生活を望んで。死ぬまで女王様ですから。誇り高き女王様としての生き方を貫きましょう！

仕事とお金

⚜ 才能・仕事

　テキパキしていて要領もいいので、周りから一目置かれます。ただし、環境によっては嫉妬されたり、意地悪されてしまうこともあるかもしれません。しかも、友達や恋人であっても、あなたが楽しそうにしていたり、仕事がうまくいくと、嫉妬されてしまうことも。だから、あなたがどんなに稼いだり成功しても、嫉妬をしたり嫌みを言ってこない友達や恋人がいいでしょう。

　仕事ができる人が多いのですが、恋愛も仕事と同じくらい大切です。仕事に夢中になって恋やプライベートを後回しにしないように。どんなに仕事が楽しくても遊ぶことも必要。お買い物したり、旅行したりおいしいものを食べに行ったり、プライベートを充実させることがあなたの幸せ満足度を高めてくれます。遊んで、仕事して、好きなことをやって、稼いで、お金を使って……という健全な流れが、さらに幸運を引き寄せてくれます。

⚜ 金運

　お金は使うためにある。まさにマインドナンバー4に

とってお金は、人生を豊かにしてくれる必要なもの。あなたはお金がかかってしまうタイプですから。欲しいものだらけじゃないですか？　むしろあなたに、物欲といった欲がなくなってしまうと、パワーもダウン。欲しいものがある、行きたい場所があるからこそ、がんばれます。

金運ダウンのサイン

✿ 時代遅れの洋服を着ている
見た目が大事なマインドナンバー4！　ファッションに興味がない、お金をかけないのは、不運のもと。

✿ お財布やバッグを3年以上使い続ける
ブランドものでもったいないからと、角がボロボロのバッグや財布を使い続けるのはダメ。

✿ 賞味期限切れのものがたくさん
傷んだ食材や期限切れのものがあふれているのは、管理できていない証拠。お財布と冷蔵庫、パントリーは小まめにチェックを。

金運UPのサイン

✿ レアなものが手に入る！
入手困難なものがゲットできたりプレゼントされたときは、運気が上がっているサイン！

✿ ぱっと目にした数字がゾロ目
宇宙からのメッセージです。物事が順調に進んでいく、行動しなさいというエール！

✿ 薄メイクでも肌の調子がいい！
お金持ちは肌つやがいい人ばかり。肌トラブルなく自然とツヤツヤなお肌になっているのは、すべてが整っているから。

愛・人間関係

♣ 愛を探している人

マインドナンバー4は、女王様。だから、理想も高い！そんなことないと思っていても、なかなか好きな人ができなかったり、うまくいかないことがありませんか？　それはクイーンだから仕方がないのです。妥協したり、我慢するのはダメ。不幸になります。とにかくクイーンにふさわしいキングを探すしかありません。絶対に運命の人がいますから諦めないで！

♣ パートナーがいる人

あなたがいいと思うこと、やりたいことに対して、あれこれ口出ししてきたり、否定的な人はあなたのチャンスを握りつぶしてしまいます。彼に嫌われたくないからと遠慮したりせずに、あなたの思いや意見はどんどん伝えるようにしましょう。結婚で人生の転機を迎えるので、彼の家族や友達などもリサーチして、仲良くできるか確認を。

♣ 家族・人間関係

女王様がお城を守るように、あなたも自分の家族やパートナーの家族、子ども、パートナーを取り仕切らなければ

いけません。家族をどうサポートできるか、どう子育てするかによってあなたの家が守られるか、悩まされるか変わってきます。どんなに忙しくても、家族の時間を大事にしてください。コミュニケーション不足になってしまうとすれ違いを起こし、何もかも中途半端になってしまいます。どんなささいなことでも話し合う習慣を。

愛情運ダウンのサイン

✿ 物忘れが激しい
うっかり約束を忘れてしまったり、聞いた話を教えてくれた本人に話してしまったら、気持ちが落ち着いてない証拠。ただちに休息を。

✿ 立て続けに食器や陶器を割ってしまう
破壊のパワーが高まっているサイン。怒りや焦りなど負の感情を吐き出しましょう。

✿ 知らない人に文句を言われたり、嫌な絡まれ方をする
パワーがダウンしていると変な輩が増えてしまいます。気分転換をして流れを変えよう!

愛情運UPのサイン

✿ 花束をもらう
生花は、前向きな気持ちや癒やしを与えてくれます。そんな花が自然とあなたの元へやってきたときは、幸福度数が高まっているとき。

✿ 道を尋ねられる
尋ねるときは、いい人に声をかけようとするもの。きちんと対応してくれる人と思われています。

✿ お客さんを呼び込む招き猫状態
誰もいなかったお店にあなたが入ったら、気がつくと人集りが!　そんなときは強運になっています!

健康

　美容時間が重要です。肌荒れやクマがひどい、髪がボサボサ・肌がボロボロの状態は危険信号。忙しくて自分に手をかけられないのは、あなたにとって最大の運気ダウンです。美容のためにきちんと質のいい睡眠を心がけたり、ゆっくりお風呂に入ったり、シートマスクしたり、むくみケアにマッサージをしたり、自分を「キレイ」にする時間を大事にしましょう。整体やマッサージ、エステ、マツエク、ネイルサロン、美容室、化粧品売り場など、ビューティスポットが元気の源です。

運気ダウンのサイン

✽ 首が回らない・寝違える
首は英語でネックといわれるように、首の痛みはなかなか解決できないトラブルやお金の問題がやってきそう。

✽ 卑下した発言をついしてしまう
「おばさんだから」「私なんて」「地味だし」なんて言葉を口に出していたら、どんどん自分が惨めになるだけ!

✽ お気に入りの洋服や買ったばかりの洋服が入らない!
美意識が高いマインドナンバー4が今までの洋服が入らないぐらいボリュームアップするのは、自分を後回しにしてしまっているから。

運気UPのサイン

✽ お昼寝をしたくなる
新しいステージに向かう準備のサイン。体が求めるようにたくさん寝てパワーを温存しよう。

✤ **空からふわふわと鳥の羽が落ちてくる**
　羽は幸せのサイン。あなたの元へうれしい便りが舞い込んでくるでしょう!

✤ **パジャマや部屋着を新調したくなる**
　部屋着は、健康運を左右します。適当なものを着ている人は、自分の健康も適当にしやすいので、肌ざわりや着心地を重視して。

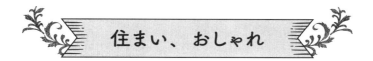

住まい、おしゃれ

　どんな建物に住むか、エリアも大切です。マインドナンバー4にとって住居はお城!　だから、近所に嫌な人がいる、マナーが悪い、環境が悪いなど、気になるポイントがあると引っ越したくなるでしょう。どんなお城に住むかによってあなた自身のトキメキ度合いも変わります。帰って来たくなる、ホッとできるお家づくりが大事。好きなものに囲まれて、眺めのいい場所に住み、近くに行きつけのお店があったり気の合う店員さんと仲良くしたり、生活しやすいことも重要です。

フォーチュンケア ▶ マッサージ、エステ

フォーチュンフード ▶ 玉ねぎ、白菜、白ごま、じゃがいも

フォーチュンパーソン ▶ 話題豊富なおしゃべり上手な人

フォーチュンインテリア ▶ スチームやローラー、加湿器、ドライヤーなどの美容家電

フォーチュンパフューム ▶ ローズやジャスミンなどの華やかな花の香り

⁽ᵐⁱⁿᵈⁿᵘᵐᵇᵉʳ⁾ 4のフォーチュンアクション

✿妬まれる・僻まれるは、当たり前

　風の時代は、あなたの存在がより強く輝き放つことができるでしょう。だからこそ、あなたに嫉妬して悪口を言ってきたり、意地悪をしてくる人が増えるかもしれません。でも、その負のパワーに屈してはいけません。

✿逃げるは恥だが役に立つ

　ハンガリーのことわざにあるように、戦う場所を選びましょう。ストレスがある環境にしがみつくのではなく、自分を発揮できる環境を選んで。ペコペコするだけじゃなく堂々とできる居場所を！

✿さらに、スーパー貪欲に行こう！

　マインドナンバー4は、愛もお金も賞賛も手に入れることができる人。だからこそ、幸せであっても、今の自分や生活に満足せず、どんどんアップデートしていきましょう。夢は大きいほどいいのです！

❈──── マインドナンバー4の有名人 ────❈

　井川遥、石橋貴明、稲垣吾郎、小栗旬、押切もえ、北野武、桑田佳祐、小嶋陽菜、白石麻衣、新海誠、田中みな実、タモリ、デヴィ・スカルノ、速水もこみち、堀江貴文、松田聖子、森高千里、米倉涼子、渡辺直美、ビル・ゲイツ、ポール・マッカートニー、メーガン・マークル、レオナルド・ダ・ヴィンチ

欲しいものは欲しい。我慢したくない！
それでいいのです！

　風の時代万歳！　女王様にとって風の時代は、最高です。
だって、パートナー探しもマッチングアプリで見つけやす
いし、海外ともつながりやすい。マインドナンバー4は、
いくつになってもきれいな人が多いので、何歳になっても
恋愛のチャンスがあります。

　大人になればなるほど、年の離れた年下の相手、昔好き
だった人やつき合っていた人との恋愛の可能性も。

　時間がかかっても運命の人に出会えるでしょう。

　しかも、仕事も風がバックアップして華々しく好きなこ
とが仕事になって大活躍できます。

　だから、どんなことがあっても腐らず、自分の未来を信
じて突き進んでください！

　この世は女王様しだいです。

^{マインドナンバー}4 のあなたが より輝くためのワーク

風の時代は、個人がどれだけ輝くことができるかが鍵。そのためには、セルフプロデュースはかかせません。おとなしくしていたら空気のような存在になってしまいます。このワークで自分自身の長所、あなたの強みを知りましょう！

☑ **どんなヘアスタイル・ファッション・メイクをしている ときに褒められますか?**

マインドナンバー4は、おしゃれなナンバー。見た目が運命の鍵を握っています。おしゃれを楽しみ、人生を楽しみましょう。

_____

_____

_____

_____

_____

_____

_____

_____

☑ 欲しいものはありますか？　憧れの暮らしは？

マインドナンバー4は、欲望こそが人生を色鮮やかにしてくれる必要なもの。常に欲しいもの、憧れの生活をイメージして、近づけるように行動することが大事。

_____

_____

_____

_____

_____

☑ 憧れの人は、どんな人ですか？

引き寄せ力をアップするには、イメージが大事。ぼやけたイメージではなく、具体的なイメージが重要。憧れの人を見つけ、真似るところからスタートを。

_____

_____

_____

_____

_____

マインドナンバー

5
King

生まれながらのキング
試練と鍛練で真の王に!

　英国では、名家に生まれた赤ん坊に対し、"銀のさじを
くわえて産まれてきた"といいます。高価な銀のさじは、
一生お金に困らないシンボル。同じように、マインドナン
バー５も生まれながらに王冠をかぶっています。子ども
のころからしっかりちゃっかりしていて、大人顔負けの発
言をし、親や先生、周囲をびっくりさせたり困らせたり。
面倒見がよく、困っている人がいたらお世話をしてあげた
り、会話で場を盛り上げたり、率先して動くことができま
す。

　でも、ときに、その堂々としている姿を生意気と思った
り、嫉妬したり、意地悪をする人がいるかもしれません。
あなたの生き生きしている姿をやっかんだり、冷たい態度
をとってくるのは、あなたを恐れているサインなのです。
気にせず、相手にせずに、強気に勝負していきましょう。
ただし、王様だけでは国が成り立たないように、王の下に
は頼れる右腕や部下、信じてついてきてくれる村人たちの
存在が必要不可欠。恐怖政治では人が離れていきます。人
の上に立つ者たるもの、あなたのためなら何でもしますと
言われるほどの人望とカリスマ性が必要です！　それが
キングとして生まれてきたあなたの宿命です。

仕事とお金

♣ 才能・仕事

　あなたの人としての器の大きさが、そのままあなたの人生を表します。小さな器では受け止められる量も少なめ。ドンと構えて、器を大きくするのが人生の課題になります。風の時代は、年齢やキャリア、性別や国などは問題ではなくなっていきます。それはマインドナンバー5にとっても、成功の要素が増える、チャンスの時代です。やってみたいという野心があなたを変えていきます。上司や先輩、会社とソリが合わない、自分を生かせていないと感じたときは、大事なタイミング。もっともっと自分を生かせる居場所を探したり、どこにもないなら起業を考えてみて。

　マインドナンバー5は、亡くなるまで現役派です。あなたに引退という言葉はありません。体が動く限り、最後の最後までやりたいことをやりましょう。平坦な人生、退屈な人生は、あなたにはふさわしくありません。楽で簡単な人生よりも、大変でもやりがいのあるほうが喜びも大きいでしょう。

♣ 金運

宵越しの銭は持たないという江戸っ子マインド。キングに

貧乏は似合いません。一方で、チャリティーなど人のために使うことも喜びになるでしょう。ただし、場当たり的な支払いで困窮しないように、お金の使い道だけはしっかり見極めましょう。

金運ダウンのサイン

✽ 接客態度の悪い店員に当たる

横暴な態度をとる人や感じの悪い人に当たってしまうのは、「試されている」サイン。嫌な気がしたら、我慢せずにお店を変えたり、担当の店員を変えることも大事。

✽ 車に水をはねられびしょぬれになる

ピシャーッと水がはね上がったときは、誰かがあなたを陥れようと妨害が起きるサイン。気を引き締めてミスがないように入念な確認を。

✽ 誰にでも気前よくおごってしまう

おごってもらいたがる人にたかられたり、ハイエナタイプの人が集まってしまいます。きちんと相手を選んでお金を使いましょう。

金運UPのサイン

✽ コース料理を食べたり、食事にゆっくり時間をかける

信頼関係を築くことで、ビジネスやチャンスが発展していきます。何げない会話が盛り上がる食事は、可能性を生み出してくれる大事な機会。

✽ ホテルや座席などがアップグレードされる

王様の運を持っているマインドナンバー5。いい席にアップグレードされるのは、本来持っている運が起動しているから。

✽ 宝くじや抽選などくじが当たる!

基本的にお金に困らない、お金に恵まれる運を持っています。宝くじを買ってみようかなと思ったときは、買ってみるのが◎。

愛・人間関係

⚜ 愛を探している人

　自分からアプローチできる狩猟派ですが、不意打ちや強引なアプローチに弱い一面も。好きになった人がタイプなので、容姿もスペックもバラバラでしょう。年の差、格差、美女と野獣と言われたこともあるのでは？　どんな好条件の相手でも、あなたのアンテナが立たないと無意味。年の差、国籍、性別を気にせず、ピンとくる人を探して！

⚜ パートナーがいる人

　あなたのやりたいことをパートナーが理解し、尊重してくれなくては、一緒にいられません。だけど、あなたも相手のことを気遣う心を持ち続けなくては、縁あって結ばれた二人であっても、激しいバトルになってしまうことも。気づいたら、ラブ&ヘイトで、何のために一緒にいるのかわからなくなります。やってられないとなる前に、時には負けるが勝ちを選び、戦わずして収めましょう。

⚜ 家族・人間関係

しっくりくる関係を築くことができれば安泰ですが、あなたの辞書には、古い結婚制度や我慢、忍耐はありません。

事実婚や婿に入ってもらう、別居婚、週末婚、遠距離婚、卒婚もありえます。気持ちが離れれば離婚となるでしょう。人間関係も、楽しければ一緒にいるし、苦痛を感じれば会わないという関係です。仲がよくても、タイミングが合わず数年会っていないという友達もいるのでは？ それぐらいの距離感の人間関係がちょうどいいでしょう。

愛情運ダウンのサイン

✤ 聞こえにくい、聞き返すことが増えた
集中力がダウンしている証。考えごとが多すぎたりストレスがたまりすぎているから遊んで、笑って、寝てモヤモヤを吹き飛ばそう。

✤ 買ったばかりのものをなくす、置き引きにあう
せっかく買ったばかりのものをすぐに失くしてしまうのは、負のエネルギーが高まっているから。ゆっくりのんびり過ごしてデトックスタイムを。

✤ 道を間違えたり、道に迷ってしまう
なかなかスムーズにゴールへたどり着けないのは、運気が停滞している表れ。自分の時間をつくって頭と心を整えよう。

愛情運UPのサイン

✤ 大きな蝶々があなたの周りを舞う
美しい蝶がヒラヒラあなたの周りを舞うのは、喜びの舞。いい兆しが見えてくるでしょう。

✤ あなたの好物を買ってきてくれる、作ってくれる
あなたのことを思って誰かが好きなものを用意してくれるのは、愛されている、慕われている、大事に思われているから。

✤ 懐かしい好きな音楽が流れる
お店の中でお茶をしているとき、ドライブ中のラジオから、好きな音楽が流れたときは、そのまま運命を信じ突き進んでいいサイン。

健康

　元気がとりえであっても、気がつくと病にかかっていることもあるので、定期的に健康診断を受けましょう。特にワーカホリックな場合、過信は禁物です。不調を感じないから大丈夫と思わないで。ストレスやプレッシャーからくる腸や婦人科系のトラブル、ハードワークによるホルモンバランスの乱れ、薄毛や生理不順。ハマるとストイックになりがちなので、筋トレや食事制限のやりすぎにもご用心。仕事が忙しい人ほど、頭をオフにする時間を大事にして。

運気ダウンのサイン

✽ 物忘れがひどくなる
昨日何を食べたかわからなくなる、うっかりミスをしてしまったり、知人の名前がすぐに出てこないのは、キャパオーバーのサイン。抱え込んでしまうタイプなのでこまめに休息が必要。

✽ 猫背になってしまったり、姿勢が悪い
呼吸が浅くなり、肩こりや腰痛、頭痛を招く原因に。おまけに印象も悪くなります。背筋をしっかり伸ばして、カッコいい姿をキープ！

✽ 食あたり、アレルギーを起こしてしまう
免疫力がダウンしているのは、ストレスを抱え込んでしまっているから。抱え込んでいる悩みを吐き出してしまいましょう。

運気UPのサイン

✽ 知らない子どもや赤ちゃんが笑いかけてくる
無邪気な子どもがあなたに微笑んでくるのは、あなたが穏やかでいられているから。

✤ 見知らぬ人にコーデや持ち物を褒められる。
パッと人を惹きつける魅力を持つマインドナンバー5。ちゃんと注目され褒められるのは、あなたらしく輝いている証明。

✤ 靴を磨く、メンテナンスする
靴は健康運を司る大事なアイテム。その靴を大事にし、磨いたりきちんとケアできているときは、自分のことも大事にできているはず。

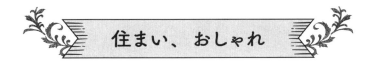

住まい、おしゃれ

王様が住む家を想像してみてください！　あばら家やすさんだ部屋では惨めでしょう。あなたも家はお城だと思って、インテリアにこだわりましょう。プチプラインテリアや安い家具ばかりでそろえるのは避けるべき。段ボールが山積み、ゴミがたまっている、ごちゃごちゃした部屋は、あなたの運気を下げてしまいます。こまめに整理整頓、掃除をしてすっきりきれいをキープしましょう。また、振る舞いも大事。王たるもの、どこへ出ても恥ずかしくないマナー、エチケットを身に着けておきましょう！

フォーチュンケア ▶ 誰からも邪魔されない一人の時間が必要

フォーチュンフード ▶ しいたけ、ひじき、ごぼう、れんこん

フォーチュンパーソン ▶ 才能あふれるアーティスト

フォーチュンインテリア ▶ 机、椅子、ソファ、家具などこだわって

フォーチュンパフューム ▶ ジンジャーやペッパー、クローブ、シナモンなどのピリッとスパイシー系の香り

5のフォーチュンアクション

マインドナンバー

✛ 困った人がすぐに集まってきてしまう!

　面倒見のいいあなたは、困っている人の世話をしてしまいやすいので、風の時代、あなたを頼ってどんどん人が集まってしまいます。お金を貸したり、保証人になったり、お金が絡む世話はNG。

✛ 無防備すぎると盗人にあう

　風の時代は、気の迷いによる盗みや犯罪が増えてしまいます。マインドナンバー5は、存在が目立つので、気をつけないとお財布や持ち物など盗まれるおそれが。自宅の防犯もしっかりと。

✛ 人間関係、仕事、かかわり方に線を引く

　風の時代は境界線がないので、どんどん仕事がやってきたり、あなた自身もやりたいことが次から次へと出てくるはず。だからこそ、「ここまで」という線を引かないとエンドレスに仕事をしている状態になるので気をつけて。

━ マインドナンバー5の有名人 ━

綾瀬はるか、宇多田ヒカル、後藤久美子、斉藤由貴、柴咲コウ、孫正義、高橋みなみ、寺島しのぶ、長嶋茂雄、錦織圭、橋田壽賀子、篠原涼子、松本潤、三谷幸喜、柳井正、山口智子、吉田美和、アナ・スイ、アンジェリーナ・ジョリー、スティーヴン・スピルバーグ、ビヨンセ、ポール・スミス、マーク・ザッカーバーグ

願いが叶うまで挑み続けること
それが転機

　自分の書いた原稿をコピーするお金もなかったJ.K.ロ
ーリングが大富豪になったように、キングは挫折や苦難が
あっても、決して諦めてはいけません！

　キングの人生は、諦めたら試合終了。

　自分の可能性を、自分がいちばん信じてあげましょう。

　これから約200年間続く風の時代は、これまでの常識
を吹き飛ばします。

　前例がないこと、人には否定されるアイデアが成功する
かもしれません。

　状況が変わることを恐れずに、キングとして毅然と立ち
向かいましょう。

<ruby>5<rt>マインドナンバー</rt></ruby> のあなたが
より輝くためのワーク

風の時代は、個人がどれだけ輝くことができるかが鍵。そのためには、セルフプロデュースはかかせません。おとなしくしていたら空気のような存在になってしまいます。このワークで自分自身の長所、あなたの強みを知りましょう!

☑ **得意なこと、自信があることは何ですか?**

マインドナンバー5は、何にも依存せず、自立して生活することで、自分らしく居心地のいい環境に。そのためには、自分の武器を知ることが大事。

☑ あなたにとってやりがい、成功とは？

妥協したり惰性で生きてしまうと、生活がダラダラしてしまい
何もいいことがありません。マインドナンバー5は、自分で人
生のハンドルを握ることで、素敵な道を進むことができます。
自分の軸を見つけましょう。

☑ 自分のいいところ、褒めてあげたいところは？

マインドナンバー5は、王様の星を持っているのです。堂々と
自信を持って行動することでカリスマ性も存在感もアップし、
運気が上がっていきます。長所をどんどんのばしましょう！

あなたは、幸せの青い鳥
大空を気持ちよく羽ばたこう

　いくつになっても、生き生きと楽しいことに対するアンテナが高いマインドナンバー6。自由に使えるお金欲しさに、若いうちからアルバイトをしたり、一人暮らしをしたくてそのための学校や就職先を選んだり、刺激を求め夢を叶えるために都会に出たりする人が多いです。さらに、会話上手、盛り上げ上手なため、交友関係も広め。これらに当てはまらないという人は、まだ見ぬ自分がいるのだと思い、自分を開放してみましょう。あなたの中には、クセの強いキャラが眠っているのです。けれど、幼少期に親の過干渉があると、親が気になって狭い世界で生きていくことに。もしも思い当たるなら、今からでも遅くありません。自分ファーストでいきましょう！

　また、自分の知識や良いと思ったことを人に伝えることが好きですし、向いてもいます。SNSやブログで知らぬ間にフォロワーが増えたり、料理やハンドメイドなどの特技や才能がある場合、教室を開いてほしいと頼まれるなど、どんどん発展していくでしょう。

　あなたは、自分のセンスを理解してくれる仲間と自分の世界をつくることで、人生に生きがいと使命を見つけることができます。

仕事とお金

❧ 才能・仕事

　目に見えないメッセージを伝えることが得意なので、メッセンジャータイプはカタチにないものを扱うことも得意。自分の知識やセンス、経験をもとに、仕事がどんどん発展していくはずです。飲み込みが早いので、初めてのことでもクリアしてしまうでしょう。でもその器用さのせいで、器用貧乏な存在になってしまったり、あれもこれもと頼まれていいように使われてしまったり、タダ働きをさせられてしまったり。労力と賃金が見合わない場合は、早めに未来を見据えて行動しましょう。

　情報が貴重なひらめきのタネとなるので、世界中の情報を集めることができるインターネットの情報や使いやすいガジェットはマスト。軽やかに、自分の興味の赴くまま、生きることが本来のマインドナンバー6。それはまさに風の時代にぴったりなライフスタイル。こうじゃなきゃいけない、という思い込みを捨てて、自分のリズムで動いていきましょう。

❧ 金運

　お金をかける・かけないのメリハリがしっかりしていま

す。自分なりに「高い」「不要」というジャッジができる
でしょう。ただ、趣味のものや好きなものには出費を惜し
みません。オークションや欲しいものとの出会いでは散財
しそう。スイッチが入ると金銭感覚が飛んでしまうのでご
用心。また、形から入るタイプで、何かを始めるときに初
期投資がかかる傾向があります。

愛情運ダウンのサイン

✿ トイレが見つからない・トイレが大行列
なかなかトイレに行けない環境というのは、タイミングがあっていな
い、思いどおりにならない邪魔が入る暗示。先手先手で行動を!

✿ 電子マネーやキャッシュレスばかりで買い物
支出をきちんと把握できていないと無意識にパラパラ使ってしまいま
す。あるだけ使ってしまうところがあるので細かいお金の管理を。

✿ 見栄を張ってしまう
よく見られたくておごってしまったり、飲み会で多めに出してしまった
り、頼まれて購入してしまうのは不要です。あとで後悔することに。

愛情運 UP のサイン

✿ 最後の1点だった!
欲しかったものがラスイチで手に入ったときは、幸運体質になって
いるシグナル。

✿ 持っているものをきちんと把握する
買っただけで安心したり、その時々でハマるものが変わるので、い
いものを持っているのに、タンスの肥やしになっていることも。

✿ イルミネーションがパッとつく瞬間を見る
こんな奇跡的タイミングをたまたま見ることができたときは、ミラク
ルな出来事がやってくるサイン。

愛・人間関係

⚜ 愛を探している人

　フレンドリーに見えてシャイなところがあったり、ストライクゾーンが狭めなので、なかなか好きな人が見つからないタイプ。慎重派なので、相手も自分に好意があると感じられないと動けないことも。そのせいで、両想いだったのにタイミングを失い、何も始まらないまま終わることもありそう。恋の花が咲くのをじっと待っているだけでは、数年、十何年、何もないということにも。好きって感じたら考えすぎずにわかりやすいぐらい好きサインを送り積極的に。

⚜ パートナーがいる人

　居心地のいい雰囲気をつくるのが上手です。あなたが好かれたいと思っているときは、相手に尽くします。嫌われたくないから相手が嫌がるような話はしないし、自立しているので、相手にとってあなたは最高です。だからこそ、言いたいことをきちんと言える関係を築くよう心がけて。不平不満をためこむと、ある日、一気に爆発してしまいます。

⚜ 家族・人間関係

　きちんと話を聞くことができます。パートナーや子ども、親の話や意見を聞き、相手の立場になって考えることがで

きます。そのため、よっぽどのことがない限り、家族や人間関係は円満でしょう。ただし、相手を尊重しすぎて調子に乗らせすぎてしまうところがあるので、そこだけは気をつけて。怒ることやあなたの意見も、はっきり伝えることも大切です。

金運ダウンのサイン

✸ 考えすぎて受け身になりやすい

空気を読みすぎてしまい、タイミングを失ってしまいがち。ここぞというときには、ぐいぐい積極的に行くのを忘れずに。

✸ すぐに「大丈夫!」と言ってしまう

楽しみにしていた約束をキャンセルされたり、本当は不満があるのに強がってしまったり。我慢をためこんでしまうと、一気に爆発型だから要注意。

✸ 間を埋めようとおしゃべりをがんばりすぎてしまう

沈黙が苦手で、盛り上げようとついついしゃべりすぎてしまうと、好意を持っている相手とのいいムードを逃し、単なる友達になってしまいます。無言の間を楽しめる大人の余裕を。

金運UPのサイン

✸ すっぴんを褒められる

素肌を褒められるのは、心も体も整っているサイン。すっぴんのチェックを欠かさないように。お肌は運勢のバロメーター。

✸ 知らない人から人違いされて手を振られる

知らない人から間違えて挨拶されたり、声をかけられるのは、愛され運が上がっているサイン。

✸ 自分から率先して挨拶を心がける

マインドナンバー6の人なつっこさは、魅力のひとつ。恥ずかしがらずに、挨拶や立ち話をしてコミュニケーションを。

健康

　おおらかなしっかり者に見えて、実はプレッシャーとストレスに弱いところがあります。慢性的な胃腸炎や下痢、ストレスからくる不調や過食、食欲不振などの悩みを抱えることも。また、不規則な生活が即肌荒れや湿疹で現れることも。そんなときはハードワークを見直し、優等生キャラをやめましょう。自分の本心に従ってリラックスし、自分に合った食生活で体調改善を心がけて。

運気ダウンのサイン

✱誤字脱字を指摘されてしまった
PCや携帯の影響で漢字を忘れてしまったり、見直すことなく文字を打って変換ミスをしてしまうのは、デジタルの弊害。アナログ作業や脳トレして脳を活性化させよう。

✱「寝なければ」と考えすぎて眠れない
マインドナンバー6は、○○しなければという思いが強く出すぎるところがあるので、寝なくてはと思えば思うほど目が冴えてしまうかも。健康を気遣うあまり、かえって疲れるということにならないように。

✱友達ですら、会話したり、遊ぶのが苦痛になる
約束していたのに面倒になったり嫌になるのは、相当なストレスがたまって余裕がない証拠。そんなふうになるまでがんばりすぎないことを心がけて。キャパシティを越えやすいので要注意。

運気UPのサイン

✱マイボトル持参
冷え性の人が多いので、白湯やハーブティーなど飲み物にこだわるといいでしょう。温かい飲み物で体を冷やさないように。

✿ **シンクロニシティが起こる**
　連絡したいと思っていた矢先に、その人から連絡が入ってくるなど、
　シンクロニシティが続いたときは、強運になっています

✿ **ナンパされたり告白される**
　ガードが堅いマインドナンバー6が告白されたり、アプローチされ
　るのは、肩の力がいい感じに抜けて健やかに過ごせているサイン。

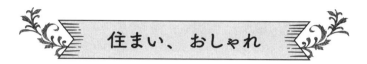

住まい、おしゃれ

　“人から見られる自分”を意識しているあなたは、清潔感
があり、身なりもきれいにしているはずです。でも、見え
ないところは適当になりやすいので、気がつくとペットボ
トルのゴミの山に、洋服が散乱しているなど、仕事が忙し
いときほど、家が散らかってしまいます。家＝あなた自身。
部屋がぐちゃぐちゃになる前にオフの日をつくって。散ら
かった部屋のままだと集中力もダウンしますから、散らか
らない部屋づくりを意識してみてください。

フォーチュンケア ▶ 整体や鍼灸などでほぐすこと。とにかく肩こり・腰痛
　　　　　　　　　 に悩まされる人が多いマインドナンバー6。徹底的に
　　　　　　　　　 プロの手でケアをしてもらいましょう

フォーチュンフード ▶ みかん、バナナ、さつまいも、　大豆

フォーチュンパーソン ▶ 裏表がない喜怒哀楽がはっきりした人

フォーチュンインテリア ▶ 便利グッズ、収納アイテム

フォーチュンパフューム ▶ タイム、ローズマリー、クラリセージ、ラベン
　　　　　　　　　　　　 ダー、レモングラスなどのハーバル系の香り

マインドナンバー
6のフォーチュンアクション

✿ おいしい話に要注意!

風の時代は、どこから出てきたかわからないような話がわいて出てきます。特に知り合いの多いマインドナンバー6は、話を聞いてと言われやすく、誘われやすいので、儲け話にはとにかく気をつけて。

✿ 素早い対応力がチャンスを生み出す!

あっという間に風向きがコロコロと変わる時代。悩みすぎたり、時間をかけすぎてしまうと、すでにチャンスは誰かのものになっているかも。

✿ 休むときは思いっきり休む

マインドナンバー6は、人間関係、仕事、将来のこと、家族のことなど、たくさん考えてしまいがち。いつもギリギリのところまでがんばってしまう傾向があるので、自分をオフにする習慣をつくって。

マインドナンバー6の有名人

いとうあさこ、乙武洋匡、カンニング竹山、樹木希林、北島三郎、志茂田景樹、笑福亭鶴瓶、高須克弥、壇蜜、中島みゆき、夏目漱石、橋下徹、林真理子、久石譲、深田恭子、矢口真里、矢部浩之、山下達郎、ユースケ・サンタマリア、ジョン・レノン、スティービー・ワンダー、マイケル・ジャクソン

マインド ナンバー 6 Messenger

大切な人のために尽くす
クールで情熱を秘めた人

　見た目とは裏腹に、あなたはものすごいパッションを持っています。

　王冠をかけた恋をしたエドワード8世、命がけで研究をした野口英世のように、人のため、自分のため、全身全霊で挑むことで誰にも真似できない奇跡を起こすことができます。

　風の時代は、あなたの熱い思いをさらに熱く熱く燃え上がらせてくれます。

　あなたの想いをSNS、YouTubeなどソーシャルメディアを活用して発信しましょう。

　あなたに共感してくれる人がたくさん現れるはずです。

マインドナンバー **6** のあなたが より輝くためのワーク

風の時代は、個人がどれだけ輝くことができるかが鍵。そのためには、セルフプロデュースはかかせません。おとなしくしていたら空気のような存在になってしまいます。このワークで自分自身の長所、あなたの強みを知りましょう！

☑ あなたにとって大事な友達、存在は？

マインドナンバー6は、人とのご縁で人生が大きく変わる人。大事な相手がいることでどんなことも乗り越えることができるでしょう。

☑ あなたにとって最高のひとときは?

誰かが決めた幸せにとらわれずに、自分のものさしで幸せを見
つけることで、本当に必要なものや、いらないものが見えてく
るはず。

☑ 死ぬまでに叶えたいことはなんですか?

マインドナンバー6は、日々に追われてあっという間に月日が
経ってしまいやすいタイプ。常に、絶対に叶えたいことを明確
にして、自分の夢を後回しにせず優先してあげましょう。

バラ色の人生、映画のように
ドラマチックな人生を送りましょう

　あなたは、今、どんな生活を送っていますか？　満たされていますか？　マインドナンバー７は、ラバー！　愛によって人生が大きく変わる人です。だから、好きな人がいる、好きな人といい感じになっているときがとても盛り上がるでしょう。しかも、どんな人と恋をするかによってあなたが進むべき人生が変わります。たとえつらい恋をしてもそれがあなたの人生を色濃くしてくれます。

　でも、つらい恋を続けてしまうのは、いただけません。過去の思い出にはいいけれど、現在進行形はNO。ラバーは孤独であってはいけません。好きだけど報われないままズルズル過ごしてしまって、気がついたときには誰もいない一人ぼっちってことにならないように。

　そして、ラバーの別名は、プリンセス。そう、あなたはお姫様ヒロインなんです！　お姫様は、隣に王子様がいてこそ物語がスタートするのです。さらに、お姫様には、お城（家）やドレス（洋服）、ティアラ・リング（アクセサリー）、馬車（車）が必要。つまりどんな家に住んでどんな暮らしをするかによって、あなた自身が本来持っているマインドナンバー７らしく生きているのかが決まります。

仕事とお金

♣ 才能・仕事

　マインドナンバー7にとって、仕事は楽しむもの。追い込まれて激務をこなすものではありません。いくら評価されお金があっても、ボロボロになっては、意味がありません。あなたはお姫様。おしゃれしたり、遊んだり、日々を楽しむために生まれてきたのです。

　しかも、ラバーの人生は、パートナーによって変わります。どんなパートナーとつき合い、結婚するのかが重要なのです。相手によっては、海外や国内の転勤があり、あなたが仕事を辞めないといけなくなったりも。起業している相手の場合は、その仕事を手伝うことになるかもしれません。また、子どもの教育のために海外暮らしをする可能性もあります。

　人生の軸を仕事にして必死に働くよりも、時間や心に余裕を持ち、パートナーの成功のため、子どもの将来のために過ごしましょう。そこから自分の好きなこと、仕事ができるというのがあなたの理想のスタイルです。

♣ 金運

　物欲が強めです。欲しいものがたくさんあり、旅行も好

き。おいしいオシャレなお店も好きなので、何かとお金がかかってしまいます。さらに、自分のためだけでなく、大切な人の喜ぶ顔見たさにプレゼントを買ったり、誰かのためにお金を使うこともあるので、なかなか貯金はできないでしょう。簡単に引き出せないような財形貯蓄や積立預金などをするのがベター。

金運ダウンのサイン

✤ 現金を多めに持ち歩く

いざというときのためにお金を多めに持ち歩いていると、ついつい使ってしまいそう。リボ払いにもハマらないよう要注意。

✤ 買ったばかりのものがすぐにセールに

タイミングが整っていないサイン。こんなときは、物事の進展がなくても、焦ったりイライラしないように。

✤ 車や自転車にひかれそうになる

ひやっとすることが起きるのは、仕事のミスを責任転嫁されやすいとき。あなたのせいにされないためにも、予防線や対策をしっかりと。

金運UPのサイン

✤ 人気のお店に並ばずに入れる

いつも売り切れのものがすんなり買えたり、並ばずに案内されたときは、運気が上がっている!

✤ お会計の際、きっちりお釣りなしで払えた

お財布に入っていたお金でぴったり払えたときは、ピンポイントに運気がアップしています。集中力が必要なことや作業はこの直後に。

✤ 和菓子やケーキなどのお土産・差し入れをもらう

スイーツは、幸せの象徴。そのスイーツが手元にやってきたときは、何事も順調に円満に進むサイン。

愛・人間関係

⚜ 愛を探している人

　好きな人がいたり、恋人がいるときのほうが、仕事もプライベートもうまくいくタイプ。心のバランスを愛でとるのです。ただ、心がトキメク恋をしたいので、ビビビッとくる人がいない限り、婚活・恋活は退屈で仕方ないでしょう。条件を下げたり、我慢してまで恋をするタイプではありません。あなたにとって好みの人を探すことが大事です。

⚜ パートナーがいる人

　好きになると尽くしてしまうので、パートナーが本当にきちんとしている人かどうかが重要です。あばたもえくぼとなってしまい、相手の悪いところを包み込んでしまっていないでしょうか。見えないふりをしていても、いつしか見えてしまいます。本当は気がついているという人はちゃんと向き合いましょう。幸せな関係を築けているカップルは、フレッシュな関係をどれだけ続けることができるかが肝になります。

⚜ 家族・人間関係

　同棲や結婚後、空気のような関係になってしまうと、あなたは寂しくなってしまいます。結婚しても子どもができ

ても、パートナーとの二人の時間が大事。相手があなたに
興味がなくなる、あなたも相手に興味がなくなってしまう
と、浮気心がムクムク出てきてしまうので要注意。結婚し
ていても好みの人が現れると恋してしまったり、元恋人と
復縁したり、仕事関係の人と関係を持ってしまうことも。

愛情運ダウンのサイン

✱ 呼び間違えをしてしまった

つい、別の人の名前が出てしまったり、パートナーの名前を言い間
違えてしまったときは、気持ちがソワソワしています。ブレイクタイ
ムをつくって一息ついて。

✱ バスや電車など乗り物の遅延に巻き込まれる

誰かのトラブルやミスに巻き込まれ、事故が起こりやすいとき。情
報共有、報告、連絡、確認を怠らないように。

✱ いきなりの土砂降りの雨にあってしまう

クールダウンしたほうがいいサイン。思い詰めていたり、周りが見
えないぐらい突っ走っていないかどうか、冷静に考えてみて。

愛情運UPのサイン

✱ 父の日、母の日、敬老の日など大事にする

家族や、お世話になっている大切な人に、感謝の気持ちを伝えたり、
親孝行をすることでさらに幸運力がアップ。

✱ 野良猫が近づいてくる

自由気ままな野良猫があなたのそばに近づいてくるのは、あなたも
もっと自由に好き勝手していいんだよ、というメッセージ。心を解放
しましょう。

✱ 新しいアクセサリーが欲しくなる

刺激や新しい出会いを求めているサイン。マインドナンバー7は、
着飾ることでドラマチックな運命を手にすることができます。

健康

　美意識が高くて美容好きな人が多く、いくつになっても若々しい印象です。アラ還になってもナンパされたり憧れのマドンナとして君臨。また、褒められることが自信につながります。同性からは美の秘訣を聞かれることも多いでしょう。さらに、その健康と美に対する好奇心とチャレンジ精神が若さを保ちます。もう年だからなんて言い訳をせずに、常に自己のベストコンディションをめざしましょう。病気に関しては楽観視せずに、定期的に検診を。シミ・肝斑・ホクロ・イボなど気になる場合は、クリニックへ。

運気ダウンのサイン

✽ お金のことが気になってしまってお金を使えなくなる
　お金に困ってもいないのに、将来のことが不安で我慢してはダメ。むしろショッピングを楽しむことで幸福を感じることができるでしょう。

✽ 歯に食べ物が詰まってしまってすぐにとれない
　あなたがずっと気になるようなことが起こりやすい前触れ。気になることがある場合は、先制パンチぐらいのつもりで対処を。

✽ 存在感が薄くなってしまう
　初対面じゃないのに「はじめまして」と挨拶されたり、間違った名前で認識されてしまったり、その場に一緒にいたのにいなかったように話をされてしまうときは、運気が弱っています。

運気UPのサイン

✽ 実年齢よりも若く見られる

いつまでも若々しいマインドナンバー7。散歩や歩くことを習慣化してボディをキープしましょう。

✤ 行きつけの皮膚科・美容クリニックがある

美意識が高めであってこそあなたのパワーが発揮されます！　サプリや美容ドリンクなどもこだわると◎。美容代は必要経費。

✤ 褒められ上手になる

せっかく褒められたなら、恥ずかしさや謙虚さから否定したりせずに、返事のパターンもいくつか用意しておきましょう。いい言葉は魔法のようにあなたに自信を与えてくれます。

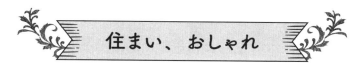

住まい、おしゃれ

　あなたにとっておうちは、自分を生み出す大事な場所。どんなものに囲まれるか、窓から見える景色、街の雰囲気、住人なども大切。好みの家に出会えた、今住んでいますという人は、運気も上々。ちょっとでも嫌だなとテンションの下がることがあると、日々ストレスを受けることになります。引っ越したいと思ったときは、動くべき。妥協せずに理想の住処を探し続けて。こんな家に住みたいという理想の家があなたの未来を豊かにしてくれます。

フォーチュンケア ▶ ネイルサロンやマツエク、美容室に行く

フォーチュンフード ▶ 小豆、いちご、いちじく、ビーツ

フォーチュンパーソン ▶ 自分にない才能やセンスを持った人

フォーチュンインテリア ▶ 鏡、コスメ収納

フォーチュンパフューム ▶ ピーチやベリーなどの甘酸っぱいフルーティな香り

マインドナンバー
7のフォーチュンアクション

✿何度でも人生はやり直しができる!

　風の時代は、年齢も学歴も住んでいる場所も関係ありません。だからこそ、何度でも挑戦できるし、可能性も無限なのです!今までうまくいかないことがあっても未来は、決まったわけではありません。

✿興味がない人に誤解をさせないように

　思い込みが激しい人が増える時代なので、期待させてしまうような対応に注意して。ストーカーされてしまったり、今まであなたのことを好きと思っていた気持ちをもてあそばれたなど、怒りに転嫁して嫌がらせを受けてしまう可能性が。

✿負の元凶はすべてやめてよし

　風の時代は、デジタル、オンライン、リモート化が進み、住む場所の制約もなくなっていきます。満員電車、窮屈な人間関係、やりがいのない仕事は、いつでもやめていいのです。だからこそ、未来を想像し計画を立てましょう!

━━━ マインドナンバー7の有名人 ━━━

麻生太郎、稲葉浩志、木村拓哉、きゃりーぱみゅぱみゅ、宮藤官九郎、小泉純一郎、小室哲哉、椎名林檎、瀬戸内寂聴、高岡早紀、長澤まさみ、一青窈、広末涼子、松嶋菜々子、山田優、YOSHIKI、渡部篤郎、エリック・クラプトン、ジョニー・デップ、ジョン・F・ケネディ、ダイアナ妃、マリリン・モンロー、レオナルド・ディカプリオ

風の時代はボーダーレス。
あなたをさらに羽ばたかせてくれる

　いくつになっても、好奇心旺盛でハッピーなあなたは、風に乗ればどこまでも上昇気流で上がれます。

　運命の出会いで人生が激変するので、恋愛や好きなものに対してアンテナを高くし、ピンときたら即行動！

　さらに、年齢には関係なく、若い世代とも楽しむことができるので、心も若くいられるでしょう。

　風の時代はもっと世界が広がり、今まで以上にあなたをエネルギッシュにさせてくれるはずです。

　年齢を忘れてしまう、歳をとる暇がないというぐらい、風の時代は、おもしろいでしょう。

<ruby>7<rt>マインドナンバー</rt></ruby> のあなたが
より輝くためのワーク

風の時代は、個人がどれだけ輝くことができるかが鍵。そのためには、セルフプロデュースはかかせません。おとなしくしていたら空気のような存在になってしまいます。このワークで自分自身の長所、あなたの強みを知りましょう！

☑ **好きな人、好きなもの、ハマっているものは何ですか？**

マインドナンバー7は、天真爛漫に楽しく過ごすために生まれてきた人です。我慢したり努力したり窮屈な世界は、似合いません。好きなものに囲まれた幸せな生活をしましょう。

☑ 今までいちばん幸せだったこと、
記憶に残っていることは?

自分の幸せを知ることで、穏やかに過ごすことができます。必要以上に自分を追い込んでしまうと、キャパシティオーバーでストレスを感じてしまうだけ。あなたの幸せとは、どんな環境・状況ですか?

_____

_____

_____

_____

☑ 何をしているときがキラキラしていますか?

褒められる、大事にされることでさらに、輝きが増すマインドナンバー7。あなたがキラキラ幸せでいることで、さらに幸せを引き寄せることができます。どんどん自分を幸せにしてあげましょう。

_____

_____

_____

_____

「わたし」という絶対的な
アイデンティティが未来をつくる

　マインドナンバー8ほど、知れば知るほど魅力的な人はいないでしょう。一見、芯がしっかりしていて強そうに見えるけれど、実は繊細なところがあります。態度が大きく堂々としているように見えるのに、初対面の人に対して緊張したりと、恥ずかしがり屋さんのところもある。心を開いた人の前では、おちゃらけたりふざけたりするのも好きですが、苦手な人や嫌いな人がいると、態度や表情にあからさまに出てしまいます。納得いかないものには首を縦に振りたくないですし、その人が何者であっても「苦手」と思ってしまったら、あなたは一緒にいることもできないでしょう。

　なので、人によってあなたの印象は全く異なります。時に、嫉妬や意地悪をされたり、勘違いをされたり。不器用な生き方により、誤解されてしまうこともあるでしょう。でも、それでいいのです。みんなに好かれようとせずに、理解してくれる人とだけつき合えば。自分の意見を堂々と話せる、イエス・ノーをはっきりさせられる、嫌なことには強くノー！と言える人になりましょう。だって、あなたは、ファイターに生まれているんですから。あなたの心、魂に宿る強い思いを大事にしましょう。

仕事とお金

⚜ 才能・仕事

　安定した暮らしを望みます。生活も大事にしているで
しょう。お金に困ったり、普段の生活がままならないと、
不安な気持ちでいっぱいになってしまい、集中力もモチ
ベーションも上がりません。だからこそ、あなたにとって、
環境は、とても重要です。家族に問題がある人がいたり、
借金を抱えてしまっていると、何事も手につかなくなって
しまいます。まずは、安定した生活があってこそ、夢や野
望を抱くことができるのです。何かやりたいこと、夢があ
る場合は、焦らずに自分の環境を見直してみましょう。

　マインドナンバー8は、動き続ける人です。たとえ、
今は思いどおりにいかないことがあっても、長期戦で人生
をプランニングしましょう。思いどおりにいっている人は
そのまま爆走してください。何歳になっても現役で、若い
人たちと肩を並べ、好きな仕事、好きなことをすることが
できます。

⚜ 金運

　基本的に無駄がなく、リサーチをしっかりする、いいも

のを安く見つけるなど買い物上手です。それでも、「コレ！」
という理想的な欲しいものに出会ってしまったときは、た
ががはずれて爆買いしてしまうことも。計画性があるよう
に見えて、どんぶり勘定のところもあります。ただ目利き
なので、購入したものがのちにプレミア価格がつくことも。
センスと知識があるからこそなせる技です。

金運ダウンのサイン

�֎ 同じものを何度も買ってしまう
こういうときは、お財布のひもが緩んで金運がダウンしているサイン。

✖ 価値観やセンスの合わない人と無理してつき合う
無理して人づき合いをしてしまうと運気が激悪になってしまいます。
「合わない」と思った瞬間に距離をとりましょう。

✖ セールに踊らされてしまわないように
多少趣味じゃなくても、安いしいつか使うかもという気持ちで購入す
るのは×。本当に欲しいものだけを選抜して。

金運UPのサイン

✖ お財布・お金を拾う
お金があなたを引き止めています。警察に届けを出すことでさらに
幸運力アップ。

✖ 店員さんや知り合ったばかりの人にすぐに覚えてもらえる
存在感が大事なマインドナンバー8。記憶に残るコーデ、立ち居振
る舞い、存在感、すべてが重要。

✖ 好きな映画のテレビ放送をたまたま目にする
今のあなたがやっていることや今のあなたを祝福しているサインです。

愛・人間関係

⚜ 愛を探している人

　おしゃべりしたり一緒に過ごすことで、相手のことを理解し、そして受け入れることができます。そうやって少しずつ本当の自分をさらけ出すことができるでしょう。あなたは、とにかく話すことが大事。そうすれば直感とフィーリングで「あり」か「なし」かがすぐにわかるはず。いくら周囲におすすめされても、嫌な人は絶対に嫌でしょう。つき合うタイプは意外とバラバラです。

⚜ パートナーがいる人

　どんなことでも話し合える関係がベスト。けれども、ときにマインドナンバー8のファイター気質が強く出てしまうと、相手をこてんぱんに論破してしまうようなところがあります。それでは相手の立場がなくなってしまいます。あなたはとても賢い人ですから、相手を追い込まずに上手に手のひらで転がしましょう。そのほうが無駄なエネルギーを消費せずにうまくいきます。

⚜ 家族・人間関係

　たとえ家族であっても、合う・合わないがあります。気

が合う場合は、仲良し家族で旅行したり、結婚するまで実家暮らしの人も多いです。結婚後は、ベストをめざしてがんばります。母として妻として、一人の女性として最強のスーパーウーマンです。だからこそ、ためすぎ・がんばりすぎに気をつけてください。周囲に甘えることもお忘れなく。

愛情運ダウンのサイン

✻ 脇毛やムダ毛がボーボー
恋愛が遠のくと毛の処理が甘くなります。まぁいいか、面倒くさい、冬だしなんていうのは、愛情運ダウンのサイン。

✻ 徹底的に論破してしまう
思ったことを口にしてしまいやすく、さらに、違うと思ったことを徹底的に攻撃してしまうところが。周囲が恐れてしまわないよう、ほどほどに。

✻ 相手に主導権を握られる
相手のいいなりになってはダメ。マインドナンバー8は仕事ができる人が多いので、惚れた弱みで貢いでしまう、甘やかしてしまい、相手をダメにしてしまうところが。

愛情運UPのサイン

✻ そろえたわけじゃないのにミラールックに
好きな人と偶然、おそろいのコーデになったり、同じカラーのコーデになったときは、息が合っているから。

✻ 意外な一面を見せることでつかみはOK
マインドナンバー8は、一言では言い表わせることができないクセ強めの魅力の持ち主。いろいろな得意技を披露して、驚かせよう。

✻ かなりの年下・ものすごい年上、年の差なんて関係ない
幅広い層の人と仲良くできているのは、いい人間関係を築くことができているから。

健康

　基本的に調べるのが好きで、健康オタク。いいと聞いたものはエビデンスを調べたり、その話が納得できるものなのかチェックしてから、試したり購入するタイプ。いろいろなことが気になる故に、ささいなことも気になってしまったり。相手の行動が理解できず「なんであんなことをしたんだろう？」と考え、うまくいかなかったことの心配や、起こってもいない不安なことを思ってしまったり。頭を使うことが多くてオーバーヒートぎみです。頭と心を休ませる日をつくりましょう！

運気ダウンのサイン

✣ 健康のことを気にしすぎてナーバスに
神経質になりすぎず、ほどほどぐらいでストップ。自分ルールをつくりすぎてしまうと追い込んでしまいます。

✣ 何もないところでつまづく、転倒する
今かかわっていることをもう一度見直してミスを防ごう。

✣ 何げない投稿が炎上
発言力があるからこそ、目をつけられてしまうことも。イライラしている・運気が低下しているときほど炎上しやすいので気をつけて。

金運 UP のサイン

✣ 字を褒められる
字には魂が宿ります。その字が褒められるときは、生命力が高まっている証。字は、あなた自身を表すので、文字を書くときは意識を。

✽ **ざるよりかけ**
冷たい食べ物よりも温かい食べ物を好む。自然と体を冷やさないようにしているのは、防衛本能がきちんと作動しているから◎。

✽ **スクワット、筋トレしたり、体力づくりをしている**
マインドナンバー8は、ただ細いだけじゃなくきちんと筋肉があって引き締まっているボディが理想。

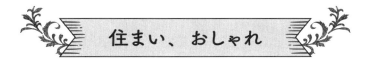

住まい、おしゃれ

　ネットでインテリア情報をリサーチしたり、インテリア雑誌を読んだり、セレクトショップを巡るのが好き。安いものよりも長く使えるものや上質なもの、ストーリー性のあるものに惹かれます。どんなに流行っていても、あなたの審美眼にかなわないものは却下。そして、可愛らしい一面もあり、憧れの人が訪れたお店や、好きな映画のロケ地、話題のお店に行くのも好き。お家だったりお洋服だったり、持ち物を褒められることも多いでしょう。仲間内では、あなたのおすすめするものは間違いないと評判なはず。

フォーチュンケア ▶ 旅行に出る、遠出する

フォーチュンフード ▶ ほうれん草、ブロッコリー、梅、枝豆

フォーチュンパーソン ▶ 家族、兄弟、自分の子ども

フォーチュンインテリア ▶ 自然素材、伝統工芸

フォーチュンパフューム ▶ さわやかで透明感のあるマリン、アクア系の香り

風の時代に運気をUPする

マインドナンバー8のフォーチュンアクション

✱食わず嫌いをなくそう

こうじゃなきゃダメ、私は苦手、嫌い、などと決めつけていることも多いあなた。風の時代の進化に乗るためには、新しいトライ・挑戦を忘れないように！

✱人の言動についてあれこれ気にしない

人の言葉遣いや態度、マナーなどが気になってしまうタイプ。でも、風の時代はいろいろなタイプが生存します。苦手と思ったら批判するのでなく、かかわらないことが得策です。

✱人と違うことこそ、あなたの魅力

ようやくあなたの個性が認められる時代になりました。一匹狼として存在感を放つマインドナンバー8。周囲から何を言われても気にせずに独走してください！　時代は、あなたを歓迎しています。

マインドナンバー8の有名人

阿部サダヲ、安室奈美恵、梅沢富美男、大久保佳代子、大谷翔平、工藤静香、小林幸子、坂本龍一、指原莉乃、太宰治、竹中直人、出川哲朗、テリー伊藤、中尾彬、野島伸司、羽生善治、浜田雅功、本田宗一郎、松田優作、吉永小百合、りゅうちぇる、蓮舫、エリザベス・テイラー、ナオミ・キャンベル、ハル・ベリー

何色にも染まらない
強い思いが世界を変える
自分を信じて一歩を踏み出そう

　あなたはマニアックにしか生きることができません。だからこそ、あなたにとって風の時代は、もっともっとマニアックに深掘りしていくことができ、それをもっともっといろいろな人に広げていくことができます。

　もともと自分軸で生きているタイプですから、より自分のことに集中でき、生きていくことが楽になるでしょう。

　男だから、女だからとか、年齢とか住む場所など全く関係なく、「力」を発揮できるはず！

　あなたが抱えている不安やネガティブな気持ちは手放して、強気に勝負しましょう。

マインドナンバー
8 のあなたが
より輝くためのワーク

風の時代は、個人がどれだけ輝くことができるかが鍵。そのためには、セルフプロデュースはかかせません。おとなしくしていたら空気のような存在になってしまいます。このワークで自分自身の長所、あなたの強みを知りましょう！

☑ **あなたにとっていちばん大事なものは、何ですか？**

あなたは、本当に大事なものだけを大切にし、シンプルに生きることで運気がアップします。安いものをたくさんよりも、質の良いもの、好きなものを長く使うタイプ。本当に大事なもの、一生をかけてやりたいことを書き出しましょう。

☑ あなたが苦手なこと、嫌なことは何ですか?

マインドナンバー8は、白黒はっきりつけて、誤魔化すことなく、自分の世界をつくることが大事。媚びたり我慢してしまうとあなたの魅力が半減。だから嫌いなこと、嫌なことを書き出して明確にしましょう。

☑ マイベスト・お気に入りは?

こだわりがあなたの個性・キャラクターを色濃くしてくれます。何でもいいじゃなく、どんなことにもこだわりを持って「好き」を選びましょう。「あなた好み」が世界をつくってくれます。

なるようになる、それぐらいの余裕と
振りきりが人生を濃厚に

　マインドナンバー９は、どのマインドナンバーよりも、たくさんの経験をします。それは、持って生まれた星がドラマチックだからです。

　２回、３回と結婚したり、日本と海外を行き来したり、本宅と別宅があったり。学校で学んだこととは関係のない職種についたり、資格や免許を取得しても全然使わなかったり。アルバイトやサイドビジネスなど、本業以外にも仕事が広がっていく可能性があります。

　思いどおりにいかないぐらいが、あなたらしい人生といえるでしょう。人よりもつらいことも大変なこともあるかもしれません。離婚や別居、仕事が思った内容と違ってすぐに辞めてしまったり、なかなか理解してもらえないことがあったり。でも、あなたの想い・直感を大事にして過ごしていけば、どんなこともいつしか笑い話になる日がくるはずです。

　常識や世間体を気にして自分の判断を間違ってはいけません。自分の思いよりも人の目を気にしてしまい、我慢し続けないようにしましょう。どんなことも、あなたはなんとかなるはずです。

仕事とお金

⚜ 才能・仕事

　年を重ねるごとに、自分らしい生き方や仕事を見つけることができます。今やっている仕事がおもしろくない場合は、アルバイトや副業、または別の仕事に目を向けたり、興味がある分野の勉強をして、転機に備えて準備しましょう。考えて計算するよりも、手探りなどで感覚的にあなた好みに仕上げていくほうがいいでしょう。あなたは、人間関係でも合う・合わないがありますし、最初は気が合っても仲違いをしてしまうこともしばしば。うまくいかないことをあなたのせいにして、あなたのやさしさに気がつかずに離れていく人もいるでしょう。でも、それは仕方のない運命。考えてもどうにもなりませんから。そんなときは割り切って、さっさっと気持ちを切り替え、新しい夢や目標を設定し、居心地よく仕事ができる環境を整えることが大切です。どんなことがあっても、自分の信念・想いを貫いてください。

⚜ 金運

　多趣味で好奇心旺盛なところがあり、ついついパラパラと浪費してしまう傾向が。しかも、がんばっている人や困っている人を応援したくなるので、そういった類のものは、

少々高くても買ってしまったり、たくさん買ってしまうところがあります。あなたは、気持ちでお金を使うタイプです。でも、本当にあなたが必要だと思って使ったお金は、生きたお金。またちゃんと返ってくるでしょう。

金運ダウンのサイン

✿ わざわざ出かけたのに、定休日や臨時休業だった
空まわり運が高まっているので、「確認作業」を怠らないように。その場しのぎの対応はダメ。

✿ ストレスがたまっているときのショッピング
むしゃくしゃしているとき、買い物でストレス発散をしようとしてしまうと、どんどん買いすぎてしまいピンチに。心が落ち着くまで買い物は控えて。

✿ こだわりすぎて、すぐに新しいものを買ってしまう
ネットでよく考えずに買ってしまい、「思っていたのと違った!」となり、また買ってしまう。この悪循環をくり返す傾向が。よくよく確認を。

金運UPのサイン

✿ 赤信号に引っかからずにスムーズに目的地に到着
無理をせず安全運転で、信号に止まることなく進めた日は、調子がいい兆し。思うまま直感に従ってみよう。

✿ 棚からぼた餅式のラッキーがやってくる
とても高価なものを譲り受けたり、破格の価格で購入させてもらえたり、もともとお金に困らない運を持っています。もしも、常にお金に困っているなら、あなたらしく過ごせていないということ。

✿ 何か作ってみよう!って気持ちが高まっているときは吉兆
マインドナンバー9は、創作活動が得意。何か作ってみたい、プロデュースしてみたいという気持ちが高まったときは、いいサイン。

愛・人間関係

⚜ 愛を探している人

　もっといい人がいるかもしれないと思ったり、合わないと思うことがあると、そこが気になってしまったり。ビビビッとくる決め手がないと、悩んでしまいます。かなり若いときに結婚したり子を授かったり、反対に、仕事やプライベートが充実して、結婚がとても遅くなってしまう人も。離婚したり再婚したり再々婚したりと、予想不可能なのがナンバー9の特徴。だから、気ままにどうぞ。

⚜ パートナーがいる人

　あなたにとって、恋愛においてもこうでなきゃという固定概念は不要。嫌になれば離れればいい、一緒にいたいと思ったら一緒にいればいいのです。居心地のいい関係、距離感が大事。結婚しても親になっても、一人の人間として自分の人生を大事にしましょう。結婚という形に縛られない、夫婦別姓のための事実婚という生き方もいいかもしれません。

⚜ 家族・人間関係

　結婚したから、子どもがいるから、年老いた両親がいるからという理由で、自分の夢を諦めてはいけません。どん

な環境に身を置いても、自分の夢やキャリアを持ち続けることが大事です。そのためには、うまく家族に協力してもらったり、誰かにサポートに入ってもらい、助けてもらうことが必要。「頼んでいいのかな？」「自分でやらなきゃ」と思わずに、どんどん甘えて、弱音を吐いてください。

愛情運ダウンのサイン

✽頼んだメニューと違うものがくる
思っていたものと違うものが運ばれてきたときは、勘違いされやすい運気が高まっています。周囲と細かいコミュニケーションが必要。

✽お財布やスマホを落としてしまう
リセット運が高まっているサイン。人間関係の見直しや別れを考えたり、転職や部署異動、起業など、新しいステージに進む準備をはじめると◎。

✽悪いところしか見えない
仲がいい友達や家族のことでさえ疎ましく思ったときは、心に相当のストレスを抱え込んでいます。誰とも会いたくないというときは、自分を癒やす時間をつくって。

愛情運UPのサイン

✽ボランティア活動や支援活動に興味が出る
保護犬・猫の里親探し、エコ活動、子ども食堂など、誰かのために何かをしたい気持ちが高まっているときは、愛が満たされています。

✽損得勘定じゃなく純粋な気持ちで動くことができる
すごい人だから、仲良くしているとメリットがある、といった理由からではなく、純粋にその人の人柄で接することができます。

✽感謝されたり、褒められることが増える
見た目やファッション、言動など、褒められれば褒められるほど好調のサイン。褒められなくなったときは、時間に追われたり、心に余裕がなくてふさぎ込んでしまっているとき。

健康

静と動のバランスが大事。運動にハマって体を動かしてばかり、家にいるのが好きすぎて引きこもり生活、ヘルシーな食事を盲信し野菜しか食べない、など極端になりすぎないように。人と接してばかりいて一人でゆっくり過ごせない、時間にいつも追われてしまうなど、バランスがくずれることでストレスがたまってしまいます。それにより、感情的になってしまったり、飲みすぎ、食べすぎ、吸いすぎなどの不摂生な生活を送ってしまう危険も。ストレスを感じる前に心のバランスをとるように心がけましょう。

運気ダウンのサイン

＊風邪でも病気でもないのに咳が止まらない

言いたいことが言えていない、度を超えたストレスのサイン。人に任せる、休む、辞めるなど、今の環境から離れる必要があるかも。

＊食べようと思ったら異物混入

髪の毛やゴミ、虫、などが入っているときは、地味に嫌なことが起こりやすいサイン。口が災いの元になりやすいので気をつけよう。

＊アイデアが浮かんでこない、直感が鈍る

自分を抑えつけてばかりいると、せっかく持っている感覚が鈍ります。

運気UPのサイン

＊目覚ましが鳴る前にパッと目がさめる

心身ともに調子がいいサイン。朝から活発的に動くことができるときは、どんどん動いて充実させましょう。

✱ **惑わされないためにもデジタルデトックス**

気持ちが行動に直結しやすく、心が落ち込むと、誰にも会いたくなくなりそう。自分の軸を保つためにも、スマホをオフにする時間を。

✱ **旬のもの、採れたてのもの、食材にこだわる**

マインドナンバー9は、シンプルな生活をすればするほど自分らしく過ごすことができます。体が喜ぶ食事を心がけましょう。

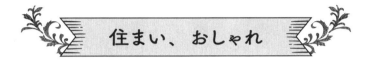

住まい、おしゃれ

あなたの趣味やセンスが詰まった、こだわりあふれる家に住むでしょう。ペットと一緒に住んでいるなら、ペットにとって居心地のいい住まい。環境問題に興味があるならエコな建築、お料理好きだったらこだわりのキッチンなど、家を見るとあなたの趣味・嗜好がわかるぐらい、特別な空間になるでしょう。あなたにとって、家は自分自身を表す、とても大事な秘密基地のようなものです。お気に入りの場所を探したり、居心地よく過ごせるように、家の中にあるものにはこだわりましょう。

フォーチュンケア ▶ 非日常的な場所や土いじり、自然に囲まれる場所に

フォーチュンフード ▶ オリーブ、セロリ、ピーマン、昆布

フォーチュンパーソン ▶ 語学堪能な人、海外暮らしの人

フォーチュンインテリア ▶ 照明、ライト、キャンドル

フォーチュンパフューム ▶ ムスクやアンバー、イランイランなどの高貴で官能的な香り

マインドナンバー
9のフォーチュンアクション

✤ 評価なんて関係ない！　ただやりたいことをやるだけ

　マインドナンバー９にとって、他人からの目や評価は関係ありません。たとえ人のために行動したとしても、いい人に思われたいからやるものではありません。風の時代は、あなたの風を世界に巻き起こすことができるでしょう！

✤ 気が乗らない、嫌になったら休む・辞める。病む前に休息を

　自分らしくいられない不自由な環境や、多忙すぎたり、過度なプレッシャーを受けてしまうと、メンタルをくずしやすい傾向が。風の時代はフラットな時代。自分のペースで仕事ができ、土の時代とは大きく変わって生きやすくなるでしょう。

✤ 予定どおりに進まないのが人生

　ハチャメチャに楽しんでしまいましょう。あなたは、何度も人生の転機を迎えるような、激変する運勢の持ち主。だからこそ、おもしろがって人生の選択をして。日本だけでなく、海外にも縁があります。

━━ マインドナンバー９の有名人 ━━

　石原慎太郎、井上雄彦、岡村隆史、菅野美穂、熊川哲也、さかなクン、里田まい、菅田将暉、伊達公子、千秋、つんく♂、ディーン・フジオカ、中居正広、西川貴教、ヒロミ、藤井フミヤ、松本人志、山下清、アリアナ・グランデ、オノ・ヨーコ、ジミ・ヘンドリックス、ジャスティン・ビーバー、マザー・テレサ

人生の中で最も重要なのは、
「おもしろさ」「興味」

　いくらいい仕事に就いても、収入がよくても、あなたが満足する仕事ができていない、興味がなければ心は満たされません。いつもどこかでワクワクするものを探してしまうはずです。

　人間関係も趣味も、広く浅く、熱しやすく冷めやすいところがあります。

　常に、フレッシュな気持ちが大事なのです。

　飽きてしまったり目標を失ってしまうと一気にモチベーションも下がってしまいます。

　しかも、風の時代ですよ！「こうじゃなきゃ！」という思い込みの鎖は解かれたんです。法や罪を犯さなければ、何でもありです！　自分の可能性を信じて自由に人生をクリエートしましょう。

<small>マインドナンバー</small>
9 のあなたが
より輝くためのワーク

風の時代は、個人がどれだけ輝くことができるかが鍵。そのためには、セルフプロデュースはかかせません。おとなしくしていたら空気のような存在になってしまいます。このワークで自分自身の長所、あなたの強みを知りましょう！

〜〜〜〜〜〜〜〜〜〜〜〜〜〜〜〜〜〜〜〜〜〜〜〜〜〜〜〜〜〜〜〜〜〜〜〜〜

☑ あなたにとって居心地のいい環境は？

デリケートなタイプなので、どんな環境に身を置くかが重要。苦しい環境に身を置くとどんどん萎縮して運気がダウンしてしまいます。理想の環境を書き出して自分の世界を明確にしよう。

_____

_____

_____

_____

_____

_____

_____

_____

☑ 叶えたい夢は、なんですか?

マインドナンバー9は、あっと驚くようなミラクルをつくり出すことができます。自分から小さくなってはいけません。自分でもこんなこと望んでいいのかなと思うくらい、わくわくする夢を書き出しましょう。

☑ 会ってみたい、気になる人は?

類友という言葉があるように、人は同じようなエネルギーと惹かれ合うものです。会ってみたい気になる人、憧れの人を書き出すことで、あなたがどんなことに導かれているのか、どんなエネルギーが高まっているのか、何を求めているのかがわかります。

マインドナンバーで
相性を占う

　占いをしていると、やっぱり相性も気になります。恋愛だけでなく、家族や友達、職場の人など。人は、ひとりで生きているわけじゃないから、どんな人と一緒にいるかで人生は左右されます。

　たとえ家族であっても、子どもでも、許せないと感じることや、なかなかうまくコミュニケーションがとれないこともあります。

　その反対もありますよね。赤の他人なのに、家族以上の関係になったり。不思議と運命的なことが起こるソウルメイトとの出会いがあったり。

　私は、そのソウルメイトを、マインドナンバーで導き出せないかなぁと思うようになりました。

　そうしたら、ある日。また夢で、マインドナンバーでソウルメイトを見つけ出すことができますというお告げを受けたのです。パチッと目を覚まし、お告げで聞いた方法で

ソウルメイトを計算してみたら、まさに、私の人生を変えてくれた大切な友達がソウルメイトだったのです！　鳥肌が立ちました！　その後もこの計算方法を意識しておくと、テレビで占う芸能人やプロデューサーなど、私にお仕事のきっかけを与えてくれた相手は、ソウルメイトばかり。

　ぜひとも、桃太郎が鬼退治についてきてくれる仲間を探したように、自分に必要なソウルメイト探しをしてみてください。

　では、ソウルメイトの探し方ですが、相性を占いたい人のマインドナンバーを算出します。

　そして、自分のマインドナンバーを足します（下 1 桁になるまで足し算を続けます）。そこで、7 になったら相手とはソウルメイトの証。

ソウルメイトは、

マインドナンバー 1 の人は、マインドナンバー 6 の人

マインドナンバー 2 の人は、マインドナンバー 5 の人

マインドナンバー 3 の人は、マインドナンバー 4 の人

マインドナンバー 4 の人は、マインドナンバー 3 の人

マインドナンバー 5 の人は、マインドナンバー 2 の人

マインドナンバー６の人は、マインドナンバー１の人
マインドナンバー７の人は、マインドナンバー９の人
マインドナンバー８の人は、マインドナンバー８の人
マインドナンバー９の人は、マインドナンバー７の人

　２人だけでなく、３人以上のグループでもソウルメイトの関係かどうかがわかります。

　足して７になるソウルメイトの相性は、言わずと知れた最高の相性です。お互いを補い、思い合うことができる以心伝心の関係なのです。

マインドナンバーが導く相性

足して7になるソウルメイト以外の相性もあります。

足して1になる	**ドリームメイト**…どんな難しい夢も叶えて果敢に挑んでいく相性
足して2になる	**ミラクルメイト**…トントン拍子に物事が進む引きが強い相性
足して3になる	**グローイングメイト**…励まし合い尊敬し合うことで成長する相性
足して4になる	**リッチメイト**…存在感を発揮しチャンスと幸運が舞い込む相性
足して5になる	**チャンスメイト**…アイデアを出し合うことで成功・発展する相性
足して6になる	**リスペクトメイト**…信頼し合うことでネットワークが広がる相性
足して8になる	**パワフルメイト**…どんな困難にも打ち勝つことができる最強の相性
足して9になる	**ミラーメイト**…お互いの言動が学びとなる写し鏡のような相性

CHAPTER
2

Fortunecycle

フォーチュンサイクルで風の時代を占う

フォーチュンサイクル表を作ってみましょう

　フォーチュンサイクル表は24の項目から成り立ちます。さらに、その24項目を7つのゾーンに分けることができます。マインドナンバーをもとにフォーチュンサイクル表を作成してみましょう。「この時期にはこんなことが起こりやすい」という情報が前もってわかることで、これからのあなたの選択が容易になります。フォーチュンサイクル占いは、あなたの背中を押してくれるツール。転ばぬ先の杖としても、役立ててみましょう。

フォーチュンサイクル表 の作り方

1 最初にマインドナンバーを計算します。

例　マドンナ（1958年8月16日生まれ）
＝マインドナンバーは2

▼

2 開拓期にマインドナンバーを書き入れる。これがあなたの開拓期の満年齢。よってマドンナの場合は開拓期が2才となります。このとき、「可能性」と間違えないように気をつけて。フォーチュンサイクルは、開拓期にあなたのマインドナンバーを書くことから始まります。

▼

3 開拓期にマインドナンバーを書いたら、左回りに年齢を書き入れていく。

▼

4 調べたい時期の年齢をチェック。フォーチュンサイクルの時期は満年齢が該当します。2021年、63才のマドンナは「変化」期に入っていることがわかります。

マインドナンバー **2** の
*
マドンナの
フォーチュンサイクル

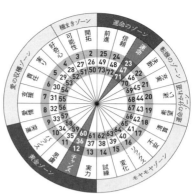

あなたのフォーチュンサイクル表を作ってみましょう

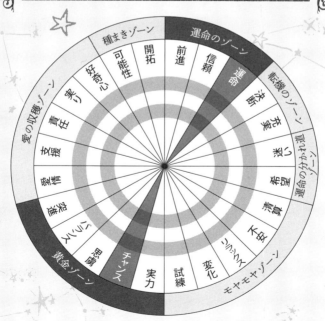

人生の7つの時期に乗ろう

　フォーチュンサイクルは、一年一年に人生のテーマがあり、24年で1周のサイクル。そして、大きく7つのゾーンに分けることができます。

　人生は、まるで春夏秋冬という季節のように、いろいろな時期があるのです。あらかじめ「来年は春の時期」「もうすぐ冬が来る」などと知っておくことができれば、その時期に対して"備える"ことができるのです。

種まきゾーン

人生の種まき時期。ここからこれからの約12年の物語が始まる。

愛の収穫ゾーン

「好き」って気持ちを育んだり自分を大切にすることが大事な時期。

黄金ゾーン

物事が発展したり、環境や意識が変わる時期。あなたの優先順位を明確に。

モヤモヤゾーン

いつも以上に疲れを感じたり、モチベーションがダウンしやすい時期。

運命の分かれ道ゾーン

この2年をどう過ごすかで、今後の流れが変わる大切な時期。

転機のゾーン

この時期の行動や意識が、次の運命のゾーンに大きく影響するとき。

運命のゾーン

あなたの世界がぐっと広がる運命的な出来事が起こりやすい時期。

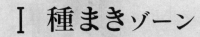

① 開拓〜 ② 可能性 ［2年間］

Ⅰ 種まきゾーン

　スタート地点にあたる時期です。マラソン大会で「位置について、用意、ドン」とスタートの合図が送られるような、「始まり」を表すゾーン。新しい環境で働くことになったり、引っ越したり、結婚したり、別れたり別居したりなど、ライフスタイルの変化が起こりやすいとき。自分でも新しいことに目を向け、人生を切り開いていきましょう。

自分のプロフィールを見直す

　この時期は、今後の運勢の流れをつくる大事なゾーンでもあります。最初の第一歩のときですから、「自分」を知ることが大事。何をしているときが幸せか、あなたにとっての幸せとは何か、何をしたいか、目標や夢は何か。思いつかない人は、自分を知るために、まず書き出していきましょう。そうすれば、今やるべきこと、やっておかないといけないことを把握できるはずです。

自分から発信する!

　きっかけをじっと待っていてはダメ。自分からつかみに行くつもりで、どんどん動き回ることが大事。どんなことでも当たって砕けろの精神で、ぶつかっていくことが重要です。新しいものを生み出し、新しい世界をつくるには、今の壁を壊すことが必要なのです。そのためには、自分でやりたいことを発信する、興味があることを見つける、今の自分のレベルを知ること。それがブレイクスルーのきっかけになります。

I 種まきゾーン

このゾーンが2周め、3周めのあなた

　2周めの種まきゾーンならば、過去を思い出し、やり残したことにトライしましょう。フォーチュンサイクルを1周経験し、改めて「やってみたい!」と思ったことがありませんか? この時期にこそチャレンジすることが大事です。1周めと同じ内容のまま過ごしてしまうと、平凡なまま終わってしまいます。新たなチャレンジ、人生のリセット、新たな目標が2周め3周めのキーワードです。

1 開拓

新しい世界の幕開け
執着・トラウマ・不安を手放そう

　心地いいフラットな状態をめざしましょう。この時期は、とにかく軽やかさが大事。特に、風の時代を生きるには、なおさら大切です。あなたの足を引っぱること、思いどおりにならないこと、何が邪魔しているかについて向き合ってみましょう。そして、その原因がわかったら、少しずつでもいいので手放したり、かかわらないようにして整理しましょう。そうすることで新しい風が吹いてきっかけがやってきてくれるはず。難しく考えすぎずに、とにかく心地よさを優先してください。

◀ NGアクション

✳ いつものメンバーで同じ会話のくり返し

✳ 仕事や今の状況に不満があるのに、変化を恐れて現状維持

◀ ラッキーアクション

✳ 流行りに敏感になって新しいものに飛びついてみる！

✳ イメチェンしたり、SNSでリアルとは異なる自分を楽しむ

② 可能性

ビビビッと心に響く直感が道標
トキメキトレーニングを

　未来の可能性をググググッと広げてくれる大切な時期です。だから、自分にお金を使うことに罪悪感を抱いたり迷ったりしないでください。どんどん自分に投資しましょう。そうやって自分の好きなことや、興味があることにお金や時間を使うことでアイデアが浮かんだり、新たな目標や夢を持つことができるはず。そして我慢体質は、直感が鈍ってしまいますので嫌なことは断ったり、上手に避けて自分を守ろう。「それで、いいや」じゃなく「これがいい！」って選択をしましょう。

NGアクション

❉ ストレスフルな環境、体調不振を見て見ぬふりをする

❉ メイク、髪型、服装などがいつも似たり寄ったり

ラッキーアクション

❉ すごく年下 or 年上や異性など意外な人と仲良する

❉ 特技や趣味を生かして、仕事や人脈などにつなげてみよう

Ⅱ 愛の収穫ゾーン

　愛の収穫ゾーンの5年間は、愛を知る時期。誰かを好きになったり、愛し合ったり、子どもを授かったりペットを迎えたり、愛に包まれるときです。そして、自分自身を大切にすることも重要なテーマ。ちょうど開拓期に蒔いた種が発芽し、夢が叶っていく時期でもあります。ただし無我夢中でがんばりすぎると、ダウンしやすいので注意しましょう。

恥ずかしがらずに好きな人には、愛情表現を！

　大切な人にやさしい言葉をかけたり、心配してお世話してあげたり、感謝の気持ちを伝えたり、自分自身を大切にして愛でいっぱいに包み込んであげましょう。「好き」という気持ちがわからなくなるほどボロボロになるまで働いたり、時間に追われてプライベートの時間がなくなってしまうと、自分の人生を消耗させてしまいます。

トレンドに敏感になって自分の好みを知る

この時期は、めいっぱい遊ぶことが大事になります。遊ぶことで気の合う友達を見つけることができたり、話題の場所や素敵な場所へ行くことで気分転換ができたりするでしょう。また、新たな夢を抱くことができたり、自分を刺激することで直感が高まります。

愛の収穫ゾーンでは、遊ぶことやお金を使うこと、仕事を休むことに罪悪感を抱かないでください。パーっと楽しみましょう。

このゾーンが2周め、3周めのあなた

この時期は、誰かのお世話をしたり、大切な人と愛を育むときです。シングルの人は、気になる人が現れたり、愛を築くチャンスがやってきます。ただ、介護や子ども・孫、ペットのお世話などのムードも高まるので、パートナーが欲しいと思っている人は恋愛する余裕や、誰かを好きになるという気持ちを解放することも必要です。

③ 好奇心

流されず、自分にフォーカスを
しっかり自分軸をつくろう

　前向きな姿勢が明るい未来をつくります。この時期、自分の口から出ている言葉に気をつけて。「つらい」「きつい」「面倒くさい」「不安」「嫌だなぁ」といった愚痴や悪口、ため息ばかりついている人は、生活習慣を見直しましょう。きついと思ったら休む、大変と思ったら助けを求める、嫌だなぁと思ったら誰かに頼み、乗り越えた先のご褒美を用意してモチベーションをアップしよう。ここでがんばったり学んだことが、将来身を助けることになるはずです。

NGアクション

✳ ダラダラとネットサーフィンで時間をつぶす。貴重な時間を失います

✳ 家と職場の往復ばかりでワンパターンの生活を送る

ラッキーアクション

✳ 習い事やセミナーに通う。講師やプロの話を聞いて、楽しく学ぼう

✳ 興味がある人には、知り合いでなくても気軽にDMしてみる

4 実り

何事も成就しやすいとき
幸せの種をたくさん蒔こう！

　今までがんばってきたことや続けてきたことが実りやすいとき。自分からも結果を求めていきましょう。もし、ここで評価してもらえなかったり、自分の思ったとおりにいかない場合は、作戦を立て直したり、きちんと交渉して、自分の進みたい道へ軌道修正しましょう。言葉には言霊の力があるといわれるように、負の言葉ばかりを使っていると、運気も心も病んでしまいます。自分に自信を持って「これだ！」ということに向かっていきましょう。

NGアクション

✳ なんとかなるだろうと楽観視し、問題を見て見ぬふりをする

✳ 「どうせ」「だって」「でも」の3Dワードで自分からアクションを起こさない

ラッキーアクション

✳ やってみてもうまくいかなかったことは、さっさと見切って次へ動く

✳ ライフプランを立てる。自分の人生を誰かに任せない

5 責任

ぐいぐい自分から攻めていこう！
強気の勝負するとき

　周囲からの評価と期待が高まるとき。自分自身でも手応えを感じることができるでしょう。やらなくてはいけないことがどんどんやってきてしまいます。どうやってこなしていくか、忙しい中でもプライベートな時間をきちんと確保できるかが大事。さらに気をつけたいのは、あなた自身が求めていることをやっているかどうか。ただ求められるから、期待に応えたいとがんばってしまうと、なりたい人生から外れてしまう可能性が。忙しい日々をただ流されて過ごさないように心がけましょう。

NGアクション

✳ 無責任な振る舞い、責任逃れの態度

✳ 夢や目標もなく適当にやり過ごす

ラッキーアクション

✳ 人のせいにせず、最後まで諦めずにベストを尽くす

✳ 自分自身の価値を高めるためのセルフブランディングを

⑥ 支援

心からわき出る原動力が
幸運を引き寄せてくれる

　この時期は、あなたの想い・願いが大事な軸となります。あなたが求める「want」は、なんですか？　その願いに忠実に動くことで、サポートしてくれる大切なキーマンに出会うことができるでしょう。そして、あなた自身も大切な人、お世話になっている人のために愛を注ぐときです。誰にでもではなく、あなたの特別な人や生き物に注ぎましょう。どんなに忙しくても、ゆっくりと食事したり、遊びに出かけたり、プライベートを充実させることが人生を豊かにしてくれます。

❋ NGアクション

❋ 人づき合いを避けて、自分だけのマイワールドにひたり孤立する

❋ 人を頼りすぎる、うまくいかないときは人のせいにする

❋ ラッキーアクション

❋ 日ごろから挨拶や日常会話など、人とのつながりを大事にする

❋ 困ったときやわからないときは一人で悩まず、しかるべき相手に相談する

7 愛情

「愛」 に向き合おう
大切なもの、人を明確にすることが大事

　最大に愛が高まる一年です。さらに、翌年にはガラッとムードが変わっていきますので、この時期に、大切な人と過ごすこと、好きなことに時間を使うことが大事です。この時期の好きな人や好きなことが、このあとの黄金ゾーン、モヤモヤゾーンの過ごし方にも影響していきます。モヤモヤゾーンに孤独にならないためにも、この時期にコミュニケーションがおろそかにならないようにしましょう。また、3年後、5年後、10年後など、長期的な計画を立てておくのもいいでしょう。

NGアクション

✳ 愛想笑いばかりして言いたいことも言えず、我慢した人間関係を続ける

✳ 断ることができずに押しきられてしまう

ラッキーアクション

✳ 愛する気持ちを大切に。自分の好きを追求。何かに没頭する

✳ ピンときた人との出会いを見逃さない。自分からアプローチを

Ⅲ 黄金ゾーン

　大当たりの時期です。この黄金ゾーンをどれだけ豊かに実りある時期にすることができるかによって、人生で得られるものが変わります。あれこれ忙しくなるときなので、あなたにとって何が大切か、何を優先すべきかをはっきりと明確にして、人生の迷子にならないようにしましょう。さらに、運気がいいこの時期に、このあと訪れるモヤモヤゾーンの過ごし方も計画しておきましょう。

何でもできる無敵人間だと思おう

　この時期は、とにかく自己嫌悪に陥ることなく人生を楽しむことが大事。偉人が事を成し遂げられたのは、特別な人だからではなく、諦めなかったからです。今のあなたにとって必要なものは、自分を信じることと勇気。心がへなへなと弱ってしまったときは、「大丈夫！大丈夫！」と自分を応援してあげましょう。

自分のためにお金を使う

黄金ゾーンの５年間はお金が大きく動くときです。出入りが激しくなるでしょう。ただし、「これが欲しい」「今、必要」「やってみたい」と思ったら、多少お金がかかっても、心が求めているなら動きましょう。マイホームや別荘などの物件、車、家具や家電などを購入したり、資格や免許を取得したりするのにいい時期です。人生が豊かになるためのお金は必要経費です。

このゾーンが２周め、３周めのあなた

１周めの黄金ゾーンは、ただただ慌ただしく流されるように日々が過ぎていきます。経験も知識もないし、手探りのまま。２周めは、酸いも甘いも噛み分けたからこそ「正しい判断」「本当にやりたいこと」がわかり、自分らしく楽しめる時期です。遠慮せずに、「自分」を出しきっていきましょう！　何事も楽しむことで濃厚な人生に。

Fortunecycle

8 突進

ゲートが開きました!
勢いよく飛び出しましょう

　どんどんトライし続けることが大事なとき。まるで、子どもが運動会の玉入れで、一心不乱にカゴをめざして玉を投げるように。目標を達成するまで、じゃんじゃんアプローチしましょう。突進期は、ささいなきっかけがあなたを大変身させてくれる時期でもあります。無理かなと思うくらいの高い目標や、夢を持つことで、やる気がわくいいときです。否定的な意見もポジティブに捉えて、どうすれば実現できるかを考えるきっかけにしましょう。

NGアクション

❋ ストレス発散のためにドカ食い、散財、アルコールなどに逃げる

❋ 体調を無視して働く、周りのために自分を犠牲にして尽くす

ラッキーアクション

❋ 清水の舞台から飛び降りるつもりで、大きなことに挑戦を

❋ ハキハキ話す、ちゃんと自分の言葉で物事を伝える

バランス

迷いと誘惑がやってきやすいとき
あなたの本質が試される

　まるであなたを試すような課題がやってきやすいときです。それは、いいことも、悪いこともありえます。だから、常に自分に忠実であること。自分の目標や夢や道が逸れないことが大事です。何をしていいかわからないときや決断を迫られたときは、状況を書き出して。今、何をすべきか、あなたは幸せなのか、考えてみましょう。あなたしだいで、一気に良いことをたくさん手に入れることができる可能性もあります。疑問を持ったり、違和感を感じたときも、気づきの大切なメッセージだと思って向き合って。

NGアクション

✳ 何事にも優柔不断になり、どっちつかずな態度をとる

✳ 人の意見に流されて自分の正直な感覚を無視する

ラッキーアクション

✳ 問題を放置せずにとことん納得いくまで向き合う

✳ 成功者や憧れの人の話を聞いて自分の可能性を探る

10 思慮

コツコツと準備をしたり、影の努力が次の時期に大きく影響

　デビューが決まったアイドルのように「その日」に向けて着々と準備し、完全な体制を整えておくことが大事。思わぬところでフォーカスされてしまう可能性があるので、チャンスや信頼を失うようなことはしないように注意して。やらなくてはならない日々の業務、未来のための準備と時間も必要なので、スケジュール管理を徹底しましょう。雑務に追われて大事な準備ができていなかったということにならないよう。ブレないように、邪魔されないように気をつけて過ごしましょう。

NGアクション

❋ 考えすぎて、行動できない。妄想だけで終わってしまう

❋ 目先の利益や楽しみを優先して、面倒なことや努力を怠る

ラッキーアクション

❋ 文字や言葉使いなど人間性が現れることを丁寧に心がける

❋ 身近な人ほど感謝の気持ちを伝えたり、お礼を忘れないように

11 チャンス

集中力が鍵！ 人生がガラッと 変わるかもしれない大事なとき

迷っている暇はありません。四方八方からチャンスがやってきます！ 24年に一度のチャンス期です！ 幸運の女神は前髪しかないというように、チャンスも待ってはくれません。だからこそ、優先順位を明確にしたり、スケジュール管理をきちんとしておかないと、何もないままあっという間に一年が終わってしまう可能性もあります。そうならないためには、冷静に自分の置かれている環境を見つめ直しましょう。あなたが今やれることを意識し、最大限に行っていきましょう！

◀ NGアクション

❋ 目の前の仕事に追われ自分のことを何もできない

❋ 人の悪いところばかり気になってしまい、悪口や愚痴ばかりに

◀ ラッキーアクション

❋ 未経験のことでも、怖がらずにチャンスがあればトライ！

❋ 褒められたら否定せずに、素直に喜んで受け入れよう

⑫ 実力

キャパオーバーに注意！
忍び寄るモヤモヤゾーンも考えて整えよう

　ここ数年、ずっと走り続けてきたのでは？　その分、結果も出たり、出世したり、チャンスに恵まれたり、大変なこともあったけれどいいこともあったでしょう。ただし、そろそろ限界に近づいています。まるで、ふくらみ続け爆発しそうな風船のよう。「大丈夫」と過信してしまうと思わぬところでバーンと割れてしまいます。次のゾーンも意識して、いったん環境を整えるようにしましょう。このままでいいのか、何をしなくてはいけないのか。大事なことをクリアにしていきましょう。

NGアクション

❄ 考えがまとまらずに同じことばかり悩んでいる

❄ 人の動きが気になって仕方がない

ラッキーアクション

❄ 実るほど頭を垂れる稲穂かな。謙虚な気持ちを大事に

❄ 両親や祖父母、上司、先輩などお世話になった人に孝行を

Ⅳ モヤモヤゾーン

　暗い冬の時期です。油断したり、無謀なチャレンジ、キャパオーバーしてしまうと窮地に立たされる羽目に。余裕を持って過ごすことが大事です。人との距離や仕事との距離をきちんととるようにしましょう。そして、このゾーンは、次のステージに進むための重要な基礎づくりのときでもあります。自分の軸、人生をしっかり整えましょう。

何げない日常こそが大事

　無理して働いたり、大きな目標を掲げたり、自分を追い込む時期ではありません。季節を感じること、旬のものを食べること、質のいい睡眠をとって気持ちのいい朝を迎えたり、大切な人とゆっくり過ごしたり。何げない日常の中で「小さな幸せ」を大切にすることが重要なのです。周りに惑わされず、仕事に脅かされず、世の中に踊らされず過ごしましょう。

痛みに敏感になろう

　体の疲れや心のサインをしっかりとキャッチし、心身ともにケアをしてあげましょう。この時期に体や心からのSOSを放置してしまうと、どんどん悪化してしまいます。痛みに合わせて病院や整体、マッサージに行ったり、瞑想やヨガをして呼吸や心を整えるように心がけて。「がんばらなきゃ」「もっとやらなきゃ」というプレッシャーは手放しましょう。そして、なるべくSOSが出る前にケアをするようにしてください。

このゾーンが2周め、3周めのあなた

　自分と真摯に向き合うときです。あなたをとり巻く環境、人間関係を見直し、本当に大事なものを見極め、不要なものは手放して。自分らしく過ごせる環境づくりが大事。2周め、3周めは、特に体調管理を徹底してください。このあとに続く「運命の分かれ道」、「転機」、「運命」のゾーンをより健康的にハッピーに過ごすためにも重要です。

⬡13 試練

自己犠牲はのちに後悔することに
つらいと思ったら立ち止まろう!

　プレッシャーを受けることになったり、明らかにキャパシティを超えた仕事量がやってきたり、人間関係で理解してもらえず苦しくなったりと、もがくことが増えてしまいそう。ある程度割り切って自分の時間を確保したり、思いやクレームを口に出して伝えることも大事。言わないまま我慢を続けることは、自分をいじめているようなもの。ちゃんと「おかしい」と思ったことや手伝ってほしいことを伝えていきましょう。居心地のいい環境づくりがモヤモヤゾーンを豊かにしてくれます。

NGアクション

❋ 執着・依存してしまい身動きがとれなくなる

❋ 人の不幸や失敗に喜んでしまう

ラッキーアクション

❋ 聞く耳を持つ。柔軟にいろいろなアイデアをとり入れる

❋ 語彙力を高め美しい言葉を使う

14 変化

このことをしたい、
心の変化に気づいて叶えてあげよう

「○○をしたい」「変えたい」「変わりたい！」という気持ちが高まります。その気持ちは、急に表れることもあれば、じわじわとわいていき、やがて確信的になることも。忙しすぎて、そんなことを考える暇もなく過ごしてしまうかもしれません。ですがこの時期、自分の心のサインに気がつけなくなるまでハードワークをするのはNGです。直感や感性を研ぎ澄ますためにも、頭や心を空っぽにできる時間が大事。アートに触れたり、好きな音楽を聴いたり、心が求めるものを与えましょう。

NGアクション

❋ 体調不良や不調を我慢して放置する

❋ 仕方がない、無理だと最初から諦めムードで過ごす

ラッキーアクション

❋ 予想外のオファーも、前向きに検討してベストを尽くす

❋ 引っ越したい、別れたい、辞めたい。ふと浮かんだ言葉と向き合う

15 リラックス

誰にでもやさしくできるぐらい
心に余裕を持ちましょう

　イライラ・カリカリしてしまいやすいとき。たとえムカッとくることがあっても、嫌な気持ちが長引かないようにしましょう。ずっとイライラ気分を引きずってしまうと、あなたが損してしまいます。好きな人やペット、好きなもののことを考えたり、お気に入りのカフェやおやつで気分転換をして自分の機嫌をとってください。そして、最初から気が合わない人、苦手な人とはできるだけ距離をとり、仕事もダラダラ長引かせず、自分の時間を多くつくるようにしましょう。

NGアクション

❋ 仕事最優先。ハードワークで不規則な生活を続ける

❋ 食欲不振、不眠、鬱っぽいなど、体のサインには敏感に

ラッキーアクション

❋ 余裕のあるスケジューリング！

❋ 新しい趣味を見つけわくわくする高揚感を大事にする

16 不安

不安な気持ちは、正直な気持ち
不安を感じても罪悪感を抱かないで

　何かと不安になりやすい一年です。人の目が気になって
しまったり、人と比べてしまい自分にダメ出しをしてしま
ったり、漠然と不安を抱いてしまったり。そんなときは、
こういう時期なんだと割り切って。モヤモヤしている気持
ちを悪いと思わないでください。気持ちが揺れ動いたらた
っぷり充電の時間をつくってのんびりしましょう。急いだ
り、無理をしたり、がんばりすぎてしまうとバランスをく
ずしやすいので、周囲に惑わされず自分のペースを優先し
てください。

NGアクション

✳ 夜更かし、乱れた生活サイ
クルでいつも疲れている

✳ 部屋が汚い、汚れ物がい
つもたまっている

ラッキーアクション

✳ 料理や裁縫、掃除など無
心になれる時間を見つける

✳ 香りやストレッチなど入眠前
のルーティンで睡眠の質を
高める

17 精算

人生の棚卸期
不要なものは手放すことで、新たな道へ

　この数年間は自分の内面と向き合う時期でした。人によっては、重いムードで暗闇にとり残された感じを受けた人もいたでしょう。それなりに幸せだけど、なぜか気持ちが晴れない、モヤモヤしてしまったり。でも、この時期はそういうときだったのです。これから先は、どんなにつらいことがあっても大丈夫。どんどん運勢が上がっていき、楽しい流れに乗っていきます。だからこそ、「縁が切れても、もういいかなぁ」と思ったことや人とはサヨナラし、未来を思い描きましょう。

▶ NGアクション

✳ 行きたくない集まりに嫌々参加したりダラダラ過ごす

✳ 人の面倒ばかり見てお世話してしまう

▶ ラッキーアクション

✳ お金を使わない趣味や気分転換を見つける

✳ 腐れ縁や惰性ではなく、本当に一緒にいたい人や大切な人と過ごす

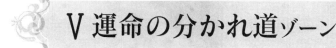

V 運命の分かれ道ゾーン

V
運命の分かれ
道ゾーン

　　ようやく長かった冬の時期が終わり、春を感じることができるとき。でも、暖かくなったころに寒の戻りがあるように、油断してしまうとまだまだドツボにはまってしまいやすい時期。無理なく過ごすことが大切です。そうして穏やかに過ごしていると、本格的に暖かいムードのゾーンへ移動していきますので、焦らずマイペースにいきましょう。

気持ちの変化を大切にしよう

　モヤモヤゾーンを抜けたころに、環境や心の変化が表れるはずです。新たな目標ができたり、自分の中でも重いムードからちょっと抜け出した感じがしたり。けれど、なかには想定外のことや、不本意なこともあるかもしれません。でも、もう次のゾーンに進み、新たな流れが始まっています。終わったことや過去に縛られず、未来を見ましょう。

体を動かして運を動かそう！

　散歩したりランニングしたり、泳いだり、筋トレしたり。気持ちいい汗をかいて、アクティブに動く体をつくりましょう。つい無意識に「疲れた」という言葉が出てしまう人は、「疲れた」＝「憑かれた」だと思ってください。このあとの転機のゾーンや運命のゾーンは、行動範囲が大きく広がる時期。その大事な時期に向けて、体力づくりや免疫力アップをめざしましょう。

このゾーンが2周め、3周めのあなた

　これまでのモヤモヤゾーンを引っぱらずに、これから始まっていくゾーンを楽しむ気持ちが大事です。悪いことばかり考えてしまったり、コンプレックスやトラウマを抱えてしまうと、運命のメッセージに気がつかないままこのゾーンが終わってしまいます。不安や悩みがあっても「未来」に期待しましょう。自分の力でチャレンジしたり、夢に向かって進むことに躊躇しないで。

18 希望

これから何かが始まる予感
顔を上げて気持ちを前向きに!

　環境が変わったり、気持ちが変わったり、何か新しいことが始まったり。モヤモヤゾーンを乗り越え、新たな動きがあるはずです。今、あなたに視線が集まり注目運も高まるので、見た目や言動が大事になります。悪目立ちしてしまうこともありますから、バレてまずいと思うようなことは整理しておきましょう。結果が出やすいときなので、やってみたいことには、迷わずチャレンジを。以前にやってみたいと思って止めていたことを、もう一度再開するにもいいときです。

NGアクション

✸ 悪くないのにすぐに謝ってしまう

✸ 自慢っぽい話し方をしたり、マウンティングをとる

ラッキーアクション

✸ 褒め上手になる。相手の素晴らしいところを褒める

✸ 毎日を気分よく過ごすために、古いものを買い替えたり整理する

19 迷い

迷いは気づきのサイン
より良い未来のために悩んで答えを導こう

　迷っていることに、とことん迷いましょう。そして、自分自身で答えを出し、ぶれない自分軸をしっかりつくることが大切です。ここで迷ってすっきりすることで、次の時期で充実した日々を過ごすことができます。その充実した日々が、大きな決断をする自信、原動力となり、あなた自身を突き動かしてくれます。数年後には24年に一度しかやってこない、貴重な時期がやってきます。すべてはこの大事な時期のために迷い、悩むのですから、無駄なことではありません。

▶ NGアクション

❋ 上の空で話を聞く。ながら作業で適当に人に接する

❋ 意見をコロコロ変える。ドタキャンしたり遅刻したり、ルーズになる

▶ ラッキーアクション

❋ 自分に厳しくなって自己嫌悪に陥らない

❋ 悩んだりストレスになるようなことは初めからしない

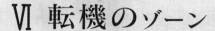

VI 転機のゾーン

　運命ゾーンが目前。夏休みをどう過ごそうかと楽しいムードでいっぱいの学生のように、心をわくわくでいっぱいにしましょう。無邪気にやりたいこと、欲しいものを全部書き出して。これから動き出す運命のために、準備・覚悟・決断することが大事です。人生は、一度きり。どんなことでも、躊躇せずに突き進んでいこう！

貪欲に、素直に、心の声に耳を傾けよう

　24年に一度しかやってこない、大事な運命のゾーンがもうすぐやってきます。フォーチュンサイクルは、クルクル回る観覧車のよう。どうしよう、どうしようと迷って「乗る」タイミングを逃してしまうと、次のタイミングまで待ち続けなければいけません。せっかくやってきたこのタイミングを逃さないためにも、世間体や評価など気にせずに自分の道を突き進みましょう。

自分でも驚く大胆なことをやってみよう

　例えば、ずっと黒髪だった人は派手な髪色にしてみたり、やったことのない人は思いきってスキューバダイビングやスカイダイビングにチャレンジしてみたり。やってみたいと思っていたけれど、それまでなかなかできなかったり、諦めていたことを、この時期にやってみましょう。そうすることで、自分の中に眠っていた何かが目覚め、未来が動き出していくはずです。

このゾーンが２周め、３周めのあなた

　フォーチュンサイクルが２周めの人は２度めの、３周めの人は３度めの青春時代へいよいよ突入です。何をしましょうか。せっかくのこのゾーンに、惰性で生きていてはダメ！　やれることじゃなく、やりたいことが大事なのです。好きなことばかりしていた若いころを思い出し、本能のまま生きてみましょう。「もう、この歳だし」なんて言葉は禁句です。合言葉は一生青春！

20 充実

堅苦しいムードを脱ぎ捨て
無理をせず軽やかに！

　今まで手探りで、必死で過ごしてきたでしょう。期待に応えなきゃいけない、任された仕事をこなさなきゃならない、あれもこれもとやらなくてはいけないことがやってきて、時間に追われて焦ったり不安になったり。さらに、考えることばかりで頭が固くなったり、責任感から怒ってばかりいたり、すごい人と思われたいプライドがあなたを孤独にしたり。でも、これからは固定概念を捨て、無邪気な子どものようにシンプルに楽しむことが大事になります。理屈ではなく、心が求めているものを選びましょう。

NGアクション

❋ あなたの言動にいちいち口を出してくる人のことを気にしてしまう

❋ 家族や職場の空気を読んで、休暇や遊びを我慢する

ラッキーアクション

❋ がんばった分、自分を甘やかす。推し活や趣味の時間が活力に

❋ 体を動かすことで巡りがよくなり、気持ちも健やかに

21 決断

これからの運命が大きく変わるとき
思いきった行動が鍵

　何を選択するか、覚悟・決断が必要なときです。どこへ旅するかによって目的や出会う人が変わるように、ここで何を選択するかによって、進む人生が変わります。この時期は、まるでこれから出発する旅先を決めるようなとき。だからこそ、自分が求めている旅をするためにも、何かを選択するときは「何でもいいよ」と誰かに合わせたり、なあなあの日々に流されないようにしましょう。行動する前に失敗することばかり考えてしまうと、チャンスを逃しますので、気をつけることも重要です。

NGアクション

✳ 結論を先のばしにしたり、土壇場で慌てて決める

✳ 過去に起こったことやトラウマに縛られ決断できない

ラッキーアクション

✳ 楽しい思い出など写真を眺めたり、部屋に飾る

✳ おなかを抱えて笑うぐらい楽しいことをする

Ⅶ 運命のゾーン

　打ち上げ花火があなたの人生を祝してバンバンと打ち上がっている時期です。だからこそ、このときだけはネガティブマインドを封印して、自分が進みたい道を自信持って選択しましょう。ここで諦めたり、我慢したり、人の目を気にしてしまったら、後悔することになります。結果ばかりを気にして、行動に移せないということがないようにしましょう。

大きなことをやってみよう！

　起業したり、サイドビジネスを始めたり、憧れの場所へ旅行したり、上京したり、海外へ引っ越したり、留学したり。ここの3年間は、あなたを大きく大きく成長させ、きっかけやチャンスが次から次へとやってくるときです。だから、先に結果のことを考えたり、失敗を恐れては何もできません。人生を変える大きなきっかけを自らつくるつもりで動きましょう。

老若男女、職業関係なく幅広い交流が鍵

　人生を変えるような出会いが、一生のうちに何度かやってきます。そんな出会いがあるのがこの運命のゾーンのタイミング。だからこの時期は、偏った人間関係や、いつもと同じメンバーで集まるだけではもったいないです。異性だから、年が離れているから、相手がすごい人だからなんて気にせずに、気が合う、興味があると思ったらグイグイ近づいてみましょう。

このゾーンが２周め、３周めのあなた

　わくわくする気持ちが大事。なんとなく日々を過ごしてしまうと、せっかくいい時期であっても、運命に気がつかないまま時は過ぎてしまいます。ここからまたあなたの新しい物語がスタートします。あなたが進むべき道を教えてくれるのは「心」。心がわくわくする、ときめいて喜ぶことをしましょう。そうすれば、自然と素敵な出会いやチャンスがやってくるでしょう。

22 運命

「今しかない!」と思って
何でもやってみよう!

　行動範囲や出会いがぐんと広がるときです。このときばかりは、人間関係が面倒とか、人と話すのが苦手などと言っていると、もったいないことになってしまいます。ここで出会ったことや人がきっかけとなり、あなたの人生をユニークに色鮮やかにしてくれます。気が合わない、好みじゃない、やりたくないと思ったら、やめていいのです。お誘いやチャンスを前に、「私なんて」と思わずに、とりあえず行ってみる、やってみる、話してみる。気軽にどんどんトライしていきましょう。

NGアクション

✷ ネット上で、否定的なメッセージや一方的なアドバイスを送る

✷ 私はこうだからと決めつけて、見えない鎖をつけてしまう

ラッキーアクション

✷ 高額なものを買う。自分にはできないと思っていたような大胆な行動をとる

✷ ネットやデジタルに強くなる。どんどん世界を広げよう

23 信頼

うわべにだまされたり情に流されずに
何事も信頼関係がキーワード

　仕事関係や友達、家族、恋人、どんな人ともきちんと信頼関係が築けているかが重要。信頼によって、あなたが次に進むステージが異なります。今は信頼できない環境ならば、新たな環境があなたを待っていますし、信頼できていればタッグを組んでより最強に突き進むことができます。そして、あなた自身も信頼される存在でいることが大事です。失望させないためにも信頼が失われるような言動には注意してください。ささいなことで今まで築き上げてきた関係がガラガラとくずれてしまう可能性も。

NGアクション

❋ その場にいない人の悪口を言ったり、誤解される内容の話をする

❋ 周囲に迷惑をかけるほどの飲酒、衝動買い、気分屋な言動

ラッキーアクション

❋ 安いという基準で買い物をしない。長く使えるもの、良いものを選ぶ

❋ アートに触れる、自然に囲まれた場所に行く、素敵なものを見たり、感じたりする

㉔ 前進

未来あるのみ!
あなたが望む世界をめざして出発進行!

　自分の理想に近づくために行動することが大事な一年。過去を振り返り、後悔していること、悩んでいることがあれば、もう二度と後悔しないためにどんどん動いていきましょう。誰かにどう思われるかなんて関係ありません。たとえうまくいかないことがあっても、やり方を変えたりアプローチ方法を見直すことで、すんなりうまくいくかもしれません。別のことの優先順位が上がってくることもあるでしょう。何か行動に起こすことで、たくさんの気づきや出会いがあるはずです。

NGアクション

❋ 痛々しい自虐ネタや過去の武勇伝を語る

❋ 趣味や夢など、やりたいことがない

ラッキーアクション

❋ 寄付、ボランティア、エコ活動に興味を持つ

❋ いらないものをフリマアプリで売る。必要なものと不要なものを整理

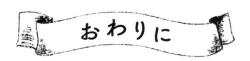

おわりに

最後まで読んでいただきありがとうございます。しかも、あとがきまで読んでくださり、うれしいです。

ここ数年、私にとっていろいろなことが起こりました。まさに、フォーチュンサイクルのとおり！

24年に一度の愛情期で結婚し、そこから黄金期に入り、占い師としてのお仕事が本格的に動き出しました。
24年に一度のビッグチャンスがやってくるチャンス期には、12冊の本を出版することができたり、約20本の連載を抱え、とにかく忙しく、バタバタ動き回っていました。
どこにいても原稿は書けるので、海外・国内旅行にもたくさん行きました。テレビやラジオ出演、講演会、コラボレーション、トークショー、ファッションショーのランウェイ

を歩いたり、今までやったことがないお仕事をたくさん経験することができました。

でも、いろいろなことに貪欲になれたのも、これらの黄金ゾーンの先には、モヤモヤゾーンがあると知っていたからです。だから忙しくても、「楽しい！」「やってみたい！」と思ったものは、少々無理してでも、詰め込みました。
どうせ、このあとにモヤモヤゾーンが来るし、それからペースダウンするんだから、今は、何でもやってみよう、と。

本当にそうしておいて、よかったです。

モヤモヤゾーンに突入すると同時に、親族が次々に病気になりました。
でも、黄金ゾーンのときに、仕事も遊びもとことんやったので、モヤモヤゾーンのときは、おうちで過ごしたり、家族のお世話をすることにも、真っすぐに向き合うことができました。

仕事よりも家族、プライベートに重きを置いて過ごすこと
ができたと思います。

モヤモヤと焦ってしまうときも、「今は、外に目を向ける
よりも内が大事。大変なこともツライことも向き合う必要
があるし、意味がある」と思えました。

そして、どんな大変なことが起こっても、モヤモヤゾーン
があける時期がわかっていたので、それまではゆるく過ご
す必要があると思えたし、そのときまでのカウントダウン
もできました。

おかげで、大事なひとときを過ごすことができました。

そして、今、2周めのフォーチュンサイクルが楽しみで仕
方がありません。24年前の1周めのときに後悔していた
り、我慢したことを、今度は、我慢しない、自分のために
使うぞ！と思えます。

さらに風の時代は、誰にでもチャンスがやってくるぐらい開放的な時代です。
でも、人に合わせすぎたり、諦めたり、殻に閉じこもってしまったら空気のような無のまま、何もないまま終わってしまいます。

こんなときだからこそ、人生の迷子にならないためにマインドナンバー・フォーチュンサイクルを参考にしてほしいのです。

自分らしさを見失わないで一度きりの人生を楽しく、愉快に、豊かに！

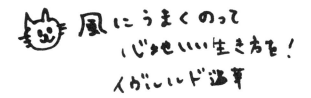

風にうまくのって
心地いい生き方を！
イガシィド紀事

イヴルルド遙華 （いづるるど　はるか）

前向きなアドバイスが口コミで広がり、モデルやヘアメイク、エディターなどの業界で絶大な支持を得る、いま話題のフォーチュンアドバイザー。西洋占星術、タロットをはじめ、人生の流れを24の節目で区切る「フォーチュンサイクル」など、幅広い占いを独学で研究する。ELLE ONLINE（ハースト婦人画報社）やVoCE（講談社）など様々なメディアに占いコンテンツを提供し、最近ではテレビ出演にて、元気になれるアドバイスが大好評。TBS土曜日の朝『まるっと！サタデー』の毎週占いも担当中。著書に『運命のフォーチュン Amulet』（小学館）、手帳『強運ダイアリー』（主婦の友社）など。

公式ブログ　https://ameblo.jp/eve-lourdes-haruka/
Facebook　https://www.facebook.com/lourdes.eve
公式ホームページ　https://www.ineori.com

STAFF　装丁・デザイン…谷由紀恵
　　　　　校正…森島由紀
　　　　　DTP…松田修尚（主婦の友社）
　　　　　編集担当…深堀なおこ（主婦の友社）

風の時代に幸せをつかむ！
"フォーチュンサイクル占い"

令和3年7月31日　第1刷発行

著　者　　イヴルルド遙華
発行者　　平野健一
発行所　　株式会社主婦の友社
　　　　　〒141-0021　東京都品川区上大崎3-1-1 目黒セントラルスクエア
　　　　　電話 03-5280-7537（編集）　03-5280-7551（販売）
印刷所　　大日本印刷株式会社

© Eve Lourdes 2021　Printed in Japan
ISBN978-4-07-448539-0